Regula Lehmann & Nicola Vollkommer

Wenn Kinder andere Wege gehen

www.fontis-verlag.com

«Zentral erscheint uns,
dass wir als Eltern da,
wo es nicht möglich ist,
mit den Kindern über Gott zu sprechen,
umso mehr mit Gott
über unsere Kinder sprechen.»

Regula Lehmann
& Nicola Vollkommer

Wenn Kinder andere Wege gehen

Wie Beziehungen in Klarheit und Liebe möglich bleiben. Ein Eltern-Navi.

fontis

Bibliografische Information der Deutschen Nationalbibliothek
Die Deutsche Nationalbibliothek verzeichnet diese Publikation in der Deutschen Nationalbibliografie; detaillierte bibliografische Daten sind im Internet über www.dnb.de abrufbar.

Der Fontis-Verlag wird von 2021 bis 2024 vom Schweizer Bundesamt für Kultur unterstützt.

3. Auflage 2024

Die Bibelstellen wurden, soweit nicht anders angegeben, folgenden Übersetzungen entnommen:
Elberfelder Bibel und Hfa («Hoffnung für alle»)

Umschlag: Olaf Johannson, Spoon Design, Langgöns
Cover-Bild: GoodStudio, Shutterstock.com
Satz: Justin Messmer, InnoSet AG, Kehrsiten
Druck: Finidr
Gedruckt in der Tschechischen Republik

ISBN 978-3-03848-250-5

FSC www.fsc.org MIX Papier van verantwoorde herkomst FSC® C014138

Inhalt

Die Kapitel 1, 2, 3, 6, 7 und 12 stammen aus der Feder von Regula Lehmann, die Kapitel 4, 5, 8, 10 und 11 aus der Feder von Nicola Vollkommer, die Einführung wurde von beiden Autorinnen geschrieben, Kapitel 9 von beiden Autorinnen und dem Verlag.

Einführung: Wenn Kinder andere Wege gehen

Was können Eltern tun, wenn ihre Kinder andere Wege einschlagen? Sollen Mütter und Väter biblische Werte und Positionen aufgeben, um den Familienfrieden zu wahren und die gute Beziehung zu ihren Kindern nicht aufs Spiel zu setzen?

Wohl kaum etwas trägt im Bereich Ehe und Sexualität mehr zur Aufweichung jüdisch-christlicher Werthaltungen bei wie die sogenannte «Betroffenheitsethik». Wenn bewährte Christen ihre Meinung zu Ehe und Sexualität ändern, hat dies oft weniger mit neuen theologischen Erkenntnissen zu tun als mit der Tatsache, dass die eigenen Kinder oder sonstige nahestehende Personen andere Lebenswege eingeschlagen haben. Menschen, die ihnen lieb sind, haben sich für einen neuen Lebensstil entschieden, leben im Konkubinat, in einer gleichgeschlechtlichen Beziehung oder outen sich als bi- oder transsexuell und stellen dadurch zumindest indirekt die Überzeugungen ihrer Eltern in Frage. Während manche Väter und Mütter sich in der Folge nur noch zurückhaltend zu sexualethischen Fragen äußern, vollziehen andere eine Art «Befreiungsschlag» und propagieren lautstark, dass Gott tolerant ist und Liebe nicht Sünde sein kann.

Sind Gottes Ordnungen also nur so lange wahr, vertrauenswürdig und lebensfördernd, wie unsere Kinder sie befolgen?

Was, wenn unsere Töchter und Söhne nicht auf den Wegen gehen, die wir ihnen lieb zu machen versuchten?

Als Referentin und Autorin eines Elternratgebers zum Thema Sexualerziehung stellten sich mir (Regula Lehmann) diese Fragen ganz elementar, als unsere beiden älteren Kinder eine Liebesbeziehung eingingen. «Was, wenn meine eigenen Kinder mit dem Sex-Haben nicht bis zur Ehe warten oder in anderen Bereichen der biblischen Sexualethik den Rücken kehren?», fragte ich mich. «Kann und werde ich in Seminaren auch dann noch dasselbe lehren, was ich in meinem Buch über Sexualerziehung schreibe, wenn meine Kinder andere Wege einschlagen? Würde ich mich – wie ich es bei anderen Eltern beobachtete – mehr oder weniger verschämt aus dem Thema zurückziehen, oder würde ich anfangen, Gottes Ordnungen ‹gesellschaftstauglich› zurechtzurücken?»

Sehr rasch wurde mir klar, dass es nicht sein darf, dass meine Kinder als eine Art Beweis oder Beleg für meinen Dienst herhalten müssen. Entweder bin ich persönlich überzeugt von dem, was ich weitergebe, oder ich höre auf damit. Entweder vertraue ich Gott, dass er gut ist und dass alle seine Ordnungen dem Leben dienen, oder ich höre auf, über biblische Sexualethik zu sprechen. «Die Wegweiser umstellen» will und kann ich nicht; weil dadurch letztlich alle orientierungslos werden. Wo kämen wir bei Wanderungen hin, wenn jeder, der mal vom Weg abkommt, die Wegweiser an seine persönlichen Umwege anpassen würde? Wegweiser für gelingendes Leben können und dürfen sich nicht am individuellen menschlichen Verhalten orientieren.

Was Gott sagt, wird nicht wahrer, wenn meine Kinder sich danach richten. Und Gottes Ordnungen sind nicht weniger wahr, wenn meine Kinder andere Wege wählen. Der ewige Gott ist weder von meinem Gehorsam noch von dem meiner Kinder abhängig. Nicht *Er* braucht unsere Zustimmung, um auf dem Thron zu bleiben; nein, *wir* brauchen Gottes Ordnungen, um «Leben zu haben», wie Mose es dem Volk Gottes in 5. Mose 32,46–47 erklärt.

Was also können und sollen Eltern tun, wenn ihre Kinder andere Wege einschlagen? Gibt es Alternativen zu ausweichendem Schweigen, harmoniesuchendem Rückzug oder liberalprogressivem Umschwenken?

Gemeinsam mit Bestsellerautorin Nicola Vollkommer habe ich Interviews mit Müttern und Vätern geführt, deren Kinder eigene Wege gingen oder noch immer gehen. Gleichzeitig befragten wir einige dieser Söhne und Töchter, wie sie ihre Eltern während ihrer Zeit des «Ausbrechens» erlebten und wie ihre Beziehung zueinander heute aussieht. Zusammengekommen ist eine Fülle von Erfahrungen, die uns berührt, bewegt und ermutigt haben und die wir deshalb auf den nachfolgenden Seiten gerne mit Ihnen teilen.

Hinweis: Viele Namen in diesem Buch wurden aus Gründen des Persönlichkeitsschutzes verändert.

Biblische Odnungen zum Thema Identität, Beziehungen und Sexualität

Da wir Autorinnen uns als Grundlage für dieses Buch immer wieder auf biblische Sexualethik oder «Gottes Ordnungen» beziehen, möchten wir zu Beginn unseres Buches *kurz* ausführen, was wir unter einer biblischen Sexualethik verstehen. (Bücher, die das Thema «Biblische Sexualethik» *vertieft* behandeln, finden Sie in jeder guten Buchhandlung.)

Als Autorinnen verstehen wir das Alte und das Neue Testament übereinstimmend so, dass Gott Mann und Frau als sein Ebenbild geschaffen hat und dass im Garten Eden beispielhaft die erste Ehe geschlossen wurde. Dass Mann und Frau sexuelle Lust empfinden, ihr sexuelles Eins-Werden genießen und dadurch potenziell auch Kinder zeugen können, ist Idee und Plan des Schöpfers. Unserem Bibelverständnis gemäß soll sexuelle Gemeinschaft nach Gottes Willen ausschließlich innerhalb des öffentlich geschlossenen Ehe-Bundes von Mann und Frau praktiziert und gefeiert werden. Die Bibel gibt der Ehe eine hohe Bedeutung: Der Ehe-Bund von Mann und Frau wird im Alten und im Neuen Testament als Gleichnis für den Bund zwischen Gott und seinem Volk sowie zwischen Christus und seiner Gemeinde verwendet.

Was die menschliche Identität betrifft, glauben wir, dass diese darin gründet, dass jeder Mensch vom Moment seiner Zeugung an ein von Gott bedingungslos geliebtes Geschöpf ist. Die unverlierbare Würde des Menschen ist in seiner Erschaffung durch den Schöpfer und in seiner Gottesebenbildlichkeit verankert. Sexualität, sexuelle Anziehung und sexuelle Orientierung sind zwar wichtige Teile der Person, aber nicht ihre grundlegende Identität.

Auch wenn die biblische Sexualethik den Ideologien und Werten unserer Gesellschaft teilweise diametral entgegensteht, glauben wir, dass sie zeitlos gültig ist und gelingendes Leben ermöglicht. Die zerstörerischen Auswirkungen der Sexuellen Revolution, die von den 68ern losgetreten wurde und heute unter der Regenbogenflagge weiter vorangetrieben wird, werden immer offensichtlicher. Die Umdeutung des Ehe- und Familienbegriffs führt nicht zu mehr Freiheit, sondern zu einer erschreckenden Halt- und Orientierungslosigkeit. Auch wenn es – wie wir aus unserem eigenen Leben wissen – tatsächlich schwer und herausfordernd sein kann, Gottes Ordnungen zu befolgen, sind wir tief überzeugt davon, dass sie alternativlos gut und lebensfördernd sind. Eine biblische Sicht auf Identität, Beziehungen und Sexualität dient nicht nur dem Wohlergehen von Christen, sondern bringt allen Menschen sinnerfülltes Leben, Segen und Zukunft.

Ihre Regula Lehmann und Nicola Vollkommer

1

Wenn Kinder die Abzweigung nehmen

Interview mit Beatrice H., verheiratet und Mutter von drei erwachsenen Kindern

Nadja bedeutet Hoffnung

Beatrice H.: Unser erstgeborenes Kind Nadja, welches wir nach einer 50-Prozent-Chance, überhaupt Kinder zu bekommen, in den Armen halten durften, bereitet uns viel Freude. Gleichzeitig war sie aber auch von Anfang an ein energisches, aufbrausendes und wildes Kind, das gerne an die Grenzen ging und noch lieber darüber hinaus. Unser Umfeld prophezeite uns schon früh eine schwere Pubertät; eine Voraussage, die dann leider auch tatsächlich eintraf. Von einem Tag auf den anderen mutierten wir zu den «dümmsten Eltern der Welt», und sie trat die Werte, die wir ihr in unserer Erziehung vermittelt hatten, mit Füßen. Nadja startete ein extensives Partyleben, probierte verschiedenste Drogen aus und rebellierte gegen Gott. Jede Diskussion am Familientisch über Glauben oder Kirche endete in einem Desaster, und ich als Mutter blieb jedes Mal traurig und verletzt zurück. Obwohl Nadja selbst der Überzeugung war, «im Leben angekommen» zu sein, mussten wir zusehen, wie es ihr immer schlechter ging. Ihr Blick wurde immer finsterer, die Wutanfälle steigerten sich, und das ganze Leben schien ihr zunehmend zu entgleiten. Als Eltern fanden wir in dieser Zeit Halt in der Kleingruppe, zu der wir verbindlich gehören, und es tat gut, zu wissen, dass auch Nadjas Großeltern, Tanten, Onkel, ihre Cousinen und viele mehr für unsere «verlorene Tochter» beteten. Die Kleingruppe hat uns manch teure Therapiestunde erspart; unsere Freunde unterstützten uns im Gebet, aber auch mit konkreter Hilfe und Ermutigung, wenn wir vor lauter Tunnel das Licht nicht mehr sahen. Dass wir es ohne diese Unterstützung geschafft hätten, bezweifle ich, denn die Umkehr unserer Ältesten ließ lange auf sich warten. Stur, wie Nadja war, ließ sie sich nicht helfen, sogar dann nicht, als sie eines Abends zur Tür hinausging mit dem festen Entschluss, ihrem Leben nun ein Ende zu setzen. Ich jagte ihr in den Hausschuhen nach und versuchte sie zurückzuhalten, doch sie riss sich los und sprang vor ein fahrendes Auto, das zum Glück noch bremsen konnte …

Schrecklich. Was hat das mit euch gemacht?

Dieses Erlebnis war nach all den Jahren auf einer gefühlsmäßigen Achterbahn zu viel für mich. Ich warf Gott einmal mehr den Bettel hin und sagte: «Ich kann nicht mehr!» In meiner Verzweiflung schlug ich einfach irgendwo die Bibel auf und landete bei Hosea 11, wo die Beziehung zwischen Israel und Gott beschrieben ist. Es geht in diesem Kapitel um Pflege und Fürsorge, um die mütterliche Liebe Gottes zu seinen Kindern, aber auch um das widerspenstige Volk Israel, das vor dieser Liebe flüchtet und seine eigenen Wege geht. In den Versen 10 und 11 las ich dann jedoch auch die erlösende Botschaft: «Alle meine Kinder werde ich zurückbringen, die man aus diesem Land verschleppen wird. Ich werde ihnen vorangehen und brüllen wie ein Löwe. Sie werden mir folgen und mit Zittern zurückkehren – über das Meer im Westen, aus Ägypten und Assyrien. Sie werden kommen wie Tauben, die herbeifliegen. Dann lasse ich sie wieder in ihren Häusern wohnen. Das verspreche ich, der Herr!» Das war in diesem Moment wirklich eine Antwort von Gott für mich, die mir die Kraft gab, weiterzumachen und weiter zu glauben, dass unsere Tochter irgendwann umkehren würde. Und ich sah es in diesem Moment ganz klar als eine Art «Berufung» über Nadjas Leben, dass sie, wenn sie diese Umkehr vollzogen hat, das Wort und die Liebe Gottes stark und mutig wie ein brüllender Löwe in ihr Umfeld hineintragen wird.

Ihr habt als Eltern mit eurer Erstgeborenen schlimme Jahre erlebt. Wart ihr in Versuchung, die Beziehung von eurer Seite her abzubrechen?

Eigentlich nicht ernsthaft, nein. Manchmal dachten wir zwar, es wäre besser, sie ziehen zu lassen, doch tief in unserem Inneren wussten wir, dass sie dann wohl ganz abstürzen würde. Das Ganze war über weite Strecken ein ambivalentes Auf und Ab. Nadja wollte ja eigentlich nichts mehr mit uns zu tun haben und hat uns immer wieder mal mit dem Wegzug aus dem Haus gedroht. Nachdem sie dann jedoch eine Probe-Woche in einer WG absolviert hatte, kam sie ziemlich ernüchtert zurück und redete nicht mehr vom Ausziehen.

Was hat euch in dieser Zeit geholfen, was hat euch getragen?

Einmal kam ein junges Paar aus unserer Kirche zum Nachtessen zu uns nach Hause. Der Mann arbeitete mit schwierigen Jugendlichen zusammen und konnte unsere Familiensituation deshalb gut nachvollziehen. Nachdem sich Nadja während des gemeinsamen Essens total danebenbenommen und provokativ aufgeführt hatte, ermutigte uns dieser junge Sozialpädagoge, indem er seine ganz andere Wahrnehmung von Nadja mit uns teilte. Er sah ihr Herz, ihr Potenzial und ihre innere Schönheit und bestärkte uns durch diese Außensicht darin, weiter zu glauben, zu lieben und die Hoffnung nicht zu verlieren.

Was empfehlt ihr aufgrund eurer Erfahrung anderen Eltern?

Wenn schon in jungen Jahren eine gute Beziehung mit dem Kind besteht, glaube ich, dass dies in Zeiten der Not eine wichtige Ressource ist. Die Beziehung aufrechtzuerhalten, auch wenn dieses Bemühen seitens des Teenagers phasenweise nicht erwidert wird, ist elementar. Zu wissen: «Die Eltern sind da, wenn ich sie brauche», war für unsere Tochter, wie sie rückblickend sagt, eine Art Anker, der sie vor dem totalen Abdriften rettete.

Was ratet ihr Eltern, die mit ihren Kindern Ähnliches erleben?

Wir raten ihnen. durchzuhalten, zu vertrauen, zu lieben und nicht ständig an sich selbst zweifeln. Wir ermutigen Väter und Mütter in ähnlichen Situationen, ihre schwere Last Gott immer wieder vor die Füße zu werfen. Der himmlischste aller Väter sorgt sich mehr um unsere Kinder, als wir dies je tun könnten, und bewahrt sie oft vor schlimmen Konsequenzen. Eine Veranstaltung der «Stiftung Schleife» in Winterthur bestärkte mich in meiner Mutterschaft und ermutigte mich darin, zu meinen Werten zu stehen und standhaft zu bleiben. Teenager respektieren und schätzen unsere Klarheit und Integrität, auch wenn sie dies oft nicht zugeben. Eine Art Leitspruch war für uns als Paar der Satz aus Josua 24,15: «Ich aber und mein Haus, wir wollen dem Herrn dienen.» In den Begriff «Haus» war für uns auch unsere Tochter eingeschlossen, und wir proklamierten diesen Satz als eine Art Ritual fast täglich, wenn wir zur Arbeit fuhren oder aus dem Haus gingen.

Was uns ebenfalls half, war ein Ehepaar unserer Kleingruppe, das ein paar Jahre zuvor in der gleichen Situation gewesen war. Sie erklärten uns, dass der Alptraum, den wir erlebten, mit hoher Wahrscheinlichkeit «nur» eine Phase sei. Das Gehirn des Teenagers werde in diesen Jahren neu verkabelt, und dass daraus abstruse Ideen und verkehrte Wahrnehmungen entstehen können, sei ganz normal. Meine Kleingruppenleiterin sagte jeweils: «Setze Nadja klare Grenzen, aber liebe diesen stacheligen Kaktus.» Das war nicht immer einfach, aber es half mir, mich trotz Nadjas verletzenden Reaktionen nicht abzuwenden, sondern ihr zugewandt zu bleiben. Entgegen ihrer äußerlichen Distanziertheit und Ablehnung erschien es mir, als schreie unsere Tochter in ihrem Innersten nach Liebe und nach einem geborgenen Zuhause. Chaos hatte sie in ihrer Innen- und Außenwelt ja genug …

Wie lange dauerte diese «Kaktus-Phase»?

Nadjas schwierige Phase dauerte sechs lange Jahre, und manchmal verlor ich in dieser Zeit die Hoffnung, dass es jemals wieder gut werden würde. Mein Schreien zu Gott war oft das Einzige, was mir half, nicht in einem Strudel von Resignation unterzugehen. Mein Mann ging mit der ganzen Situation anders um. Er verdrängte die Probleme und wollte sein Leben nicht durch einen Teenager bestimmen lassen, der gerade querschlug. Seine Aussage war oft: «Ich helfe ihr gerne, aber wenn sie sich nicht helfen lassen will, dann ist das nicht mein Problem.»

Du warst da deutlich emotionaler?

Mir als Mutter fiel es schwer, eine gesunde Distanz einzuhalten. Ich ließ mich oft zu stark in den Strudel von Nadjas Nöten mit vielen Stimmungsschwankungen, Liebeskummer und Depressionen hineinziehen. Steckte sie in einer Krise, rutschte ich ebenfalls hinein, weil ich mich schlecht abgrenzen konnte. Wenn ich als Ausgleich in dieser Zeit nicht meinen Teilzeit-Job gehabt hätte, wäre es wohl noch deutlich schlimmer gewesen. So hatte ich wenigstens eine gewisse Ablenkung von Nadjas Problemen und Dramen. Wichtig war uns als Eltern, Nadja trotz der Wege, die sie ging und die wir nicht bejahen konnten, immer wieder zu sagen, wie wichtig sie uns ist und wie viel sie uns bedeutet. Immer wieder erklärten wir ihr, dass sie sich nicht schämen müsse und dass wir sie trotz aller Rebellion und allen Auseinandersetzungen lieben.

Wie war ihre Reaktion darauf?

Ermahnungen und «Predigten» bewirkten in dieser schwierigen Zeit bei unserer Tochter statt einer Verhaltensänderung nur Auflehnung und Aggression. Es gab sogar eine Zeit, in der wir als Paar getrennt in die Ferien reisten, weil es zu risikoreich gewesen wäre, Nadja allein zu Hause zu lassen. Entweder mein Mann oder ich verreisten allein mit den beiden jüngeren Kindern, denen es guttat, für ein oder zwei Wochen all die Aufmerksamkeit zu erhalten, die sonst oft von Nadjas unmöglichem Verhalten vereinnahmt wurde. Wir nahmen in diesen Ferienzeiten jeweils an den Familien-Camps unserer Kirche teil. Dort wurden die Kinder stundenweise betreut, und wir als Elternteile konnten in dieser Zeit in den Andachten und in der Gemeinschaft mit Freunden auftanken.

Was führte die Wende herbei?

Wie jedes Jahr lud ich Nadja ein, mit mir die Frauenkonferenz unserer Kirche zu besuchen. In den Jahren zuvor hatte sie diese Einladung jeweils geringschätzig abgelehnt, da sie «so etwas» definitiv nicht nötig habe. Wir besuchten kurz vor der Frauenkonferenz Freunde in Deutschland, und eine meiner Freundinnen sagte dabei ganz selbstverständlich zu Nadja: «Du kommst sicher auch an die Frauenkonferenz, oder?» Ich erwartete einmal mehr eine Absage, doch überraschenderweise bejahte unsere Tochter und kam dann auch wirklich mit. Der erste Abend traf Nadja dann mitten ins Herz, sie weinte und übergab ihr Leben ganz neu an Jesus Christus.

Für mich war dies ein Wunder, auch wenn bis zu Nadjas vollständiger Heilung noch viele Schritte und Gespräche folgten. Zu diesen Schritten gehörten unter anderem eine Psychotherapie, die Lossage von okkulten Bindungen, das Beenden von destruktiven Beziehungen, das Brechen von Suizidgedanken usw. Gott begleitete Nadja Schritt für Schritt in Richtung Heilung und Wiederherstellung. Ohne Druck offenbarte er ihr einen Punkt nach dem anderen und baute ihr zerbrochenes Leben neu auf. Als Eltern durften wir staunend miterleben, was Gott in Joel 2,25 seinem Volk verspricht: «Und ich werde euch die Jahre erstatten, die die Heuschrecke gefressen hat, die Heuschreckenbrut und die Schabe und die Raupe, mein großes Heer, das ich gegen euch gesandt habe.» (Neue Zürcher Bibel)

2

Freiheit verstehen

Kinder können – trotz guter Vorbilder und bester biblischer Unterweisung – andere Wege gehen. Für Eltern, die ihre Kinder im Glauben erziehen wollen, ist es deshalb elementar, zu verstehen, was Gottes Wort zum Spannungsfeld von Erziehung und Freiheit sagt. Die Bibel fordert uns auf, unsere Kinder das Gesetz des Herrn zu lehren (5. Mose 6,6–7). Gleichzeitig hat der biblische Gott sich dafür entschieden, seinen Menschen die Freiheit eines eigenen Willens zu geben. Eltern haben von Gott her den Auftrag, ihre Kinder im Glauben zu unterweisen und ihnen Gottes gute Lebensordnungen lieb zu machen.

Die Entscheidung, ob Kinder diesen Weg dann auch tatsächlich gehen wollen, liegt jedoch weder in der Macht noch in der Verantwortung der Eltern. Wie Gott um die Herzen seiner unendlich geliebten Menschen wirbt, sollen auch Väter und Mütter die Herzen ihrer Kinder umwerben und alles dafür tun, dass ihre Kinder Gott kennen und lieben lernen. Und selbstverständlich sollen Eltern ihre Kinder zum Gehorsam erziehen und ihnen sinnvolle Grenzen setzen.

Wenn wir als Eltern hingegen glauben, wir könnten das Herz unserer Kinder steuern oder beherrschen, widerspricht dies dem göttlichen Prinzip der Freiheit diametral. Wenn nicht einmal Jesus, der die Liebe in Person und ein fantastischer Kommunikator war, es während seiner Jahre auf der Erde schaffte, alle Menschen zu seinen Nachfolgern zu machen, sollten Mütter und Väter nicht der Selbstüberschätzung erliegen, sie könnten es besser hinkriegen als er.

Ein Blick ins eigene Herz hilft, ungesunde Motive oder Ziele und destruktive innere «Antreiber» zu erkennen und sie vor Gott loszulassen. Und natürlich sollten wir uns auch immer wieder die Frage stellen, ob das, was wir als Eltern bei unserem Kind erreichen wollen, tatsächlich «biblisch» ist oder ob es sich dabei eher um unsere persönlichen Meinungen und Wünsche handelt.

Doch auch wenn es tatsächlich um zutiefst biblische Werte geht: Wir können es auch mit den besten Konzepten nicht «machen», dass unsere Jugendlichen sich mit den biblischen Wegweisern zum Thema Identität, Beziehungen und Sexualität identifizieren. Jedes Einzelne unserer Heranwachsenden hat letztlich Wahlfreiheit und muss die grundlegende Entscheidung treffen, ob es seinen Gefühlen, den gesellschaftlichen Trends, anderen Ideologien oder Gottes Wegweisern folgen will.

Je besser wir als Eltern unsere eigene sexuelle Biografie bearbeitet und schwierige Erfahrungen im Zusammenhang mit Sexualität verarbeitet haben, desto freier sind wir, mit unseren Kindern über das Thema zu sprechen. Falls wir Eltern uns in unserer eigenen Beziehungswelt nicht an biblischen Ordnungen orientiert haben, ist dies kein Grund, mit den Kindern nicht über biblische Ordnungen zur Sexualität zu sprechen. Statt verschämt über unsere Vergangenheit zu schweigen, können wir Kindern ab etwa zehn Jahren in altersgerechter Sprache erzählen, wie wir unser Verhalten heute beurteilen, was wir ihnen für ihr Leben und ihre zukünftigen Beziehungen wünschen und warum wir manches heute vielleicht ganz anders angehen würden.

Sehr entscheidend für die Vermittlung von biblischen Werten in der Familie ist, dass wir als Mütter und Väter *wirklich* überzeugt sind, dass *alles,* was Gott sagt, gut ist und ein gelingendes Leben ermöglicht. Sind wir dies nicht, lohnt es sich, zuerst in der Bibel zu forschen und ihren Herausgeber ehrlich zu fragen: «Meinst du das wirklich so? Was willst du mit deinen Ordnungen schützen und fördern? Liegt dir unser Glück wirklich am Herzen, oder bist du einfach einer, der uns einschränken und gängeln will?»

Kinder spüren sehr deutlich, wenn wir ihnen «Richtigkeiten» predigen, ohne diese selbst wirklich im Herzen zu tragen oder auf ihre Bedeutung für unser Leben geprüft zu haben. Spätestens wenn unsere Teenies uns fragen, warum um alles in der Welt sie in einer lust-orientierten und selbstbestimmungs-verliebten Gesellschaft wie «Außerirdische» leben sollen, werden unsere Überzeugungen dem Härtetest unterzogen. Die gute Nachricht ist: Gott hat keine Angst vor aufrichtigen Fragen und einer ehrlichen Auseinandersetzung. Weil er sich seiner guten Absichten absolut sicher ist, dürfen wir mit jeder Frage gerne bei ihm «landen» und werden dadurch zu Vätern und Müttern, die aus einer vertrauensvollen Herzensbeziehung zu Gott heraus klare Aussagen und Ansagen machen können.

Eine, die ihre Eltern durch (fast) alle existierenden «Beziehungs-TÜVs» gejagt hat, ist Nadja, von der uns ihre Mutter Beatrice bereits erzählt hat. Im Interview erzählt sie, wie es dazu kam, dass sie den Glauben und die Werte ihrer Eltern in den Wind schlug und während vieler Jahre andere Routen ausprobierte.

Interview mit Nadja H., 31 Jahre alt, verheiratet

Nadja, du hast als Teenager einen Weg eingeschlagen, der für deine Eltern und deine Geschwister während vieler Jahre extrem schwierig und belastend war. Was war der Grund für dein Ausbrechen?

Nadja: Es war ein Zusammenspiel mehrerer Faktoren: die falschen Kollegen, das falsche Umfeld, der Gruppendruck als Anreiz zum Rauchen und Kiffen. Mit dabei war sicher auch ein Stück Rebellion gegen meine Eltern – ich hatte das Bedürfnis, ihnen eins auszuwischen.

Ihnen eins auswischen – weshalb denn?

Ich war in der Pubertät – da will man es ja nicht unbedingt gut haben mit den Eltern ... So war es jedenfalls bei mir. Als Familie wechselten wir aufgrund von Auslandeinsätzen meines Vaters häufig unseren Wohnort. Mein massives Abdriften fand in einer Zeit der Unsicherheit statt, als wir überlegten, nach Finnland zu ziehen. Ein halbes Jahr besuchte ich die Sekundarschule im Nachbardorf, danach zogen wir für zwei Jahre nach Finnland, wo ich mir umgehend Kollegen suchte, die in etwa meinem Freundeskreis in der Schweiz entsprachen.

Wie waren sie, deine finnischen Kollegen?

Da ich wusste, dass ich Finnland nach zwei Jahren wieder verlassen würde, war es mir völlig egal, wie die Leute mich wahrnahmen, ob ich einen guten oder einen schlechten Eindruck machte usw. Meine Kumpel vertraten Werte, die den Werten meiner Eltern diametral entgegengesetzt waren, und vor allem eine Freundin, mit der ich viel Zeit verbrachte, beeinflusste mich stark. Sie fand meine Eltern altmodisch und förderte meinen Widerstand; aus ihrer Sicht besuchten wir eine Sekte und vertraten Werte, die schlichtweg daneben waren. Sie ermutigte mich dazu, mit Drogen zu experimentieren, mich sexuell auszuleben und dafür nachts von zu Hause abzuhauen. Über die Konsequenzen machte ich mir zu dieser Zeit kaum Gedanken. Ich gab dem, was meine Freunde sagten, mehr Gewicht als dem, was meinen Eltern wichtig war. Innerhalb der Clique waren wir loyal, wir hielten zusammen wie Pech und Schwefel.

Hast du dieses andere Leben als positiv und als glücklich machend erlebt?

Vor allem zu Beginn dieser Phase stellte ich mir diese Frage gar nicht. Mit meinen Klassenkameraden mitzuhalten war mir wichtig, und so konsumierte ich mit der Zeit neben Haschisch auch andere Drogen wie beispielsweise Ecstasy. Mein erstes Mal Sex erlebte ich mit damals 14 Jahren als sehr negativ – ich bin bis heute daran, diese Erfahrung zu verarbeiten. Der Mann, dem ich mein erstes Mal «verschenkte», landete zwei Jahre später im Gefängnis wegen Sex mit Minderjährigen. Mädchen zu entjungfern war für ihn eine Art Sport gewesen; für ihn war ich nicht mehr als eine Trophäe. Etwa die Hälfte meiner Kolleginnen waren durch ihn ins Sex-Haben eingeführt worden. Weil wir alle es aber doch irgendwie auch selbst gewollt hatten, zeigten wir ihn nicht bei der Polizei an.

Hast du deine Eltern damals als «eng» erlebt?

Im Bereich Sexualität schon, ja. Sie erklärten mir beispielsweise, dass sie es unter ihrem Dach nicht dulden würden, dass ein Mann bei mir im Bett schläft. Abgesehen von dieser klaren Position beim Thema Sexualität war mein Vater aber in vielen Bereichen um einiges lockerer eingestellt als meine Mutter, was hin und wieder zu kontroversen Diskussionen zwischen den beiden führte.

Fändest du es im Rückblick besser, sie hätten es dir erlaubt, bei euch zu Hause mit Männern zu schlafen?

Nein, ich bin froh, dass sie das nicht geduldet haben, denn dadurch wäre das Ganze vermutlich noch schlimmer geworden. Ich erinnere mich, dass ich in gewissen Momenten sogar froh darum war, dass mein Vater sich in diesem Punkt durchgesetzt hat. Einmal – ich war in eine Beziehung «hineingerutscht», von der ich mich gerne wieder gelöst hätte – erklärte mein Freund abends, er wolle jetzt nicht nach Hause fahren, und fragte, ob er bei mir schlafen könne. Mir war das zwar nicht recht, doch ich stimmte zu und war gleichzeitig dankbar, zu wissen, dass mein Vater um 22 Uhr nach Hause kommen und meinen Freund vor die Tür stellen würde. Unter anderem dank diesem väterlichen «Rauswurf» schaffte ich es, diese ungesunde Beziehung zu beenden.

Wie findest du es, wenn Eltern sagen: «Lieber macht's mein Kind bei mir zu Hause als irgendwo sonst»?

Ich finde, es war richtig, dass meine Eltern diese Grenzen aufgestellt und verteidigt haben. Natürlich ist es so, dass ihre Regeln mich nicht daran hinderten, diese anderen Wege zu gehen, doch die klare Haltung meiner Eltern war für mich ein Signal, eine Art «Wegweiser nach Hause», und das schützte zumindest ein Stück weit den Rest meiner Familie. Meine Geschwister fanden beide: «Danke, dass du uns so ein schlechtes Vorbild warst, denn dadurch wussten wir, wie wir es sicher *nicht* machen werden.»

Was löste es in dir aus, immer wieder zu spüren, dass du deinen Eltern wichtig bist?

Viele meine Freunde sagten immer wieder mal zu mir: «Du hast so coole Eltern.» Ich selbst nahm dies irgendwie als ganz selbstverständlich hin. «Meine Eltern *müssen* mich lieben, die haben mich ja gewollt!», so lautete meine Haltung hierzu. Dass es ein Privileg ist, Eltern zu haben, die sich kümmern, merkte ich erst mit der Zeit oder im Vergleich mit Freunden, deren Eltern sich überhaupt nicht für ihre Kinder interessierten. Mein Vater kam oft zu mir und sagte: «Auch wenn wir mit vielem nicht einverstanden sind, wir lieben dich trotzdem.» Das gab mir Halt – auch in Momenten, wo ich dies absolut nicht wahrhaben wollte.

Hattest du «Heimweh» nach dem Weg, den deine Eltern dir gezeigt hatten?

Obwohl ich es gegen außen hin abstritt, wusste ich irgendwie immer, dass es Gott gibt. Aber weil ich nicht in einer persönlichen Beziehung mit Jesus lebte, fühlte ich mich leer. In der ersten Zeit fand ich mein neues, anderes Leben cool, und Sex zu haben erlebte ich als «prickelnd». Ich hatte jeweils feste Freunde, denen ich, solange wir zusammen waren, auch treu war. Viele Gedanken machte ich mir eigentlich gar nicht, ich lebte von Wochenende zu Wochenende. Den Kontakt zu meinen Eltern wollte ich zwar nicht abbrechen, doch es war immer klar für mich, dass ich mit 18 von zu Hause ausziehen würde. Als ich dann tatsächlich volljährig war, hatte sich jedoch manches verändert. Ich steckte in einer tiefen Lebenskrise, war unglücklich und fühlte mich innerlich wie Brachland. Irgendwie hatte ich mir von dem, was ich tat, mehr erhofft. Letztlich hat mir meine Grundhaltung, «mich voll auszuleben», unter dem Strich mehr Schmerz als Erfüllung gebracht. Ich redete mir zwar ein, dass doch alles seinen Sinn habe, aber irgendwann musste ich mir eingestehen, dass mein Lebensstil mich zunehmend kaputt machte. Ich steckte in einer Sackgasse fest.

In dieser Phase erlebtest du erste Umbrüche. Wie kam es dazu?

Ich besuchte seit etwa einem halben Jahr wieder ab und zu die Kirche. Mein Vater hatte mich gefragt, ob ich in der Kleinkinder-Betreuung mithelfen würde, und da ich Kinder sehr gerne mag, sagte ich zu. Auch wenn dies gegen außen hin wenig sichtbar war, hatte ich mich Jesus in dieser Phase bereits wieder etwas angenähert. Genau zu diesem Zeitpunkt lud meine Mutter mich ein, zusammen mit ihr und einer ihrer Freundinnen, die ich sehr mochte, an der Frauenkonferenz unserer Kirche teilzunehmen. Meine Ma war total verblüfft, als ich zusagte, denn was sie nicht wusste, war, dass ich zu diesem Zeitpunkt gerade in einer ziemlichen Krise steckte. Ich erlebte innerhalb meiner Clique große Enttäuschungen und wurde dadurch zunehmend bereit, mein altes Leben aufzugeben. An diesem Abend anlässlich der Frauenkonferenz wurde mir klar, dass die Zeit für eine Entscheidung gekommen war. Ich konnte nicht mehr abstreiten, dass Gott Realität ist, und mir wurde klar, dass ich meine Lehrabschlussprüfung trotz Drogenkonsum nur geschafft hatte, weil Gottes Hand dabei im Spiel gewesen war. Ich machte weitere Schritte auf Jesus zu und hörte unter anderem konsequent auf, harte Drogen zu nehmen. Eine Gemeinde besuchte ich aber noch längere Zeit nicht regelmäßig, und ich fand es zu diesem Zeitpunkt auch nicht notwendig, in der Bibel zu lesen.

Welche Menschen hatten in deinem Leben eine stabilisierende Wirkung?

Die ersten, die mir in den Sinn kommen, sind meine Eltern und meine Großeltern, aber auch Leute aus unserer Verwandtschaft spielten eine «umkehrfördernde» Rolle. Ein Cousin sagte bei einem Familienfest mal zu mir: «Mensch, Nadja, du siehst echt Scheiße aus!» Das hat mich betroffen gemacht; es war mir überhaupt nicht egal, wie dieser Cousin mich wahrnahm. Meine Großmutter betete viel für mich, und ich fühlte mich bei ihr immer willkommen. Ich denke, ohne ihre Gebete wäre manches wohl anders herausgekommen. Gerade auch, dass ich so einfach von den harten Drogen wegkam, sehe ich wirklich als ein Wunder.

Bereust du etwas, wenn du zurückschaust?

Ja, es gibt durchaus Dinge, die ich gerne rückgängig machen würde, wenn ich könnte. Hätte ich mehr auf meine Eltern gehört, hätte ich beispielsweise nicht so viele Verletzungen erlebt. Neben allem, was lustvoll und cool war, sind auch tiefe Narben zurückgeblieben. Mit der Versuchung zum Kiffen kämpfe ich bis heute immer wieder mal, und auch vom Rauchen bin ich noch nicht wirklich frei, obwohl ich mir dies wünsche. Rückblickend fällt mir auf, dass meine Eltern während meiner Kindheit nur wenig mit mir darüber gesprochen haben, dass jede Entscheidung Konsequenzen nach sich zieht. Ich lebte irgendwie gedankenlos vor mich hin und dachte gar nicht über den Moment hinaus. Falls ich mal ein Kind haben sollte, möchte ich ihm beibringen, dass alles, was es tut, Konsequenzen hat. Dies trifft natürlich insbesondere auch auf den Bereich der Sexualität zu.

Magst du darauf noch näher eingehen?

Wenn ich mit meiner Schwester oder mit Freundinnen spreche, merke ich, wie «heil» und unversehrt Frauen, die noch keinen Sex hatten, in eine Ehe gehen. Das löst bei mir schon auch Trauer oder eine Form von «Neid» aus. Durch jede sexuelle Beziehung entstehen Bindungen, die man zwar lösen kann, die aber doch Prägungen im Körper und in der Seele hinterlassen. Ich habe auf meinen Irrwegen Wertvolles verloren, und ich denke, das ist etwas, das ich wohl mein Leben lang mittragen werde. Nicht mehr zurückzuschauen finde ich schwierig; meine «sexuelle Biografie», wenn man das so sagen kann, ist einer der Punkte in meinem Leben, an dem ich wohl verwundbar bleiben werde. Mit dem alten Leben abzuschließen ist das eine, Vergebung anzunehmen und heil zu werden erlebe ich hingegen als länger andauernden Prozess.

Auch Eltern werden durch die «anderen Wege» ihrer Kinder verletzt – gleichzeitig fühlen sie sich oft aber auch schuldig. Konntet ihr diese schwierige Zeit miteinander aufarbeiten?

Ja, wir haben immer wieder mal Verarbeitungs-Gespräche geführt, und insbesondere mit meinem Vater konnte ich sehr offen über vieles sprechen. Wir erlebten mehrere Momente der Versöhnung, wo wir gemeinsam weinten und einander in den Armen hielten. Ich kann heute mit wirklich allem zu meinen Eltern gehen, vielleicht gerade, weil wir diesen schwierigen Weg zusammen erlebt und aufgearbeitet haben.

Was empfiehlst du Eltern mit «verlorenen» Kindern aufgrund deiner Erfahrung?

Ich finde es wichtig, dass Eltern nicht von ihren Werten abweichen, sondern an ihren Prinzipien festhalten. Du kannst Kinder nicht zwingen, sich an biblischen Werten zu orientieren, aber du kannst Wegweiser für deine Kinder sein und bleiben. Zentral ist sicher auch, dass Teenager – wenn immer möglich – in einer Gemeinde verwurzelt sind und sich dort wirklich zugehörig fühlen. Zu erleben, dass andere Gleichaltrige Jesus begeistert nachfolgen, ist gerade im Teenageralter essenziell. Dass Eltern in ihrem Fundament verwurzelt sind, gibt auch ihren Teenies Sicherheit und Halt. Ich wäre enttäuscht gewesen, wenn meine Eltern ihre Prinzipien aufgegeben hätten. Meine Eltern sind beispielsweise seit fast dreißig Jahren verheiratet, und ihr Vorbild beeindruckt mich – das wünsche ich mir für meine eigene Beziehung auch. Eltern können ihr Kind lieben, ohne sein Verhalten gutzuheißen. Irgendwann kommt bei den meisten Kindern, deren Eltern ihre Position nicht aufgegeben haben, der Moment, wo sie merken, dass sie auf dem Holzweg sind.

Deine Eltern sind seit dreißig Jahren zusammen. Das fiel ihnen bestimmt auch nicht gleich in den Schoß, oder?

Das ist so. Neben der Sorge für das «abgedriftete» Kind ist es eben auch überlebenswichtig, dass Mütter und Väter zu sich selbst Sorge tragen. Nicht nur für die eigenen Kinder, sondern auch für sich selbst ein gutes Umfeld zu suchen und in die

Paarbeziehung zu investieren, ist elementar. Eltern brauchen Freunde und Weggefährten, die sie ermutigen und ihnen zusprechen, dass Gott viel Hoffnung hat für ihre verlorene Tochter oder ihren verlorenen Sohn.

3

Selbst beste Väter haben verlorene Söhne

Was ich an der Bibel schätze, ist ihre Ehrlichkeit. Während wir Menschen uns oft bemühen, zumindest nach außen hin alles in bestem Licht erscheinen zu lassen, hat Gottes Wort nicht die leisesten Skrupel, Familiendramen und andere Katastrophen ungeschminkt auf den Tisch zu legen. Überrascht und berührt hat mich vor einiger Zeit die Erkenntnis, dass sogar Gott, der perfekteste aller Väter, verlorene Söhne (und Töchter) hat.

Während viele Erziehungsbücher zumindest ein Stück weit suggerieren, wenn wir als Eltern nur richtig handeln würden, wäre die Beziehung zu unseren Kindern harmonisch, erlöst Gottes Wort uns von dieser Druck erzeugenden Selbstüberschätzung. Kinder gehen nicht nur eigene Wege, weil wir als Eltern Fehler gemacht haben. Söhne und Töchter gehen (auch) eigene Wege, weil Rebellion und Misstrauen gegenüber Gott und seinen Ordnungen – und dadurch auch die Ablehnung von Autorität – seit dem Sündenfall tief im menschlichen Herzen sitzen. Wenn gemäß dem bekanntesten Gleichnis von Jesus sogar Gott als zu hundert Prozent gerechter, perfekter und liebevoller Vater verlorene Söhne hat, entzieht dies der «Eltern sind an allem schuld»-Theorie ihre niederdrückende Macht.

Auch wenn Eltern Fehler machen und diese unbedingt ehrlich eingestehen sollen: Wichtig ist in dem Moment, wo Kinder eigene Wege einschlagen, vor allem die Frage, wie wir als Mütter und Väter auf diese Entwicklung reagieren und in welcher inneren Haltung wir auf die Umkehr unserer Kinder warten.

Die biblische Geschichte, die gebrochenen Elternherzen Hoffnung gibt: Der verlorene Sohn (Lukas 15)

Der Junge, der seinen Vater demütigt, beleidigt und ihm das Herz bricht, sich danach mit der Hälfte des Familienvermögens im Rucksack aus dem Staub macht und dieses Vermögen ohne mit der Wimper zu zucken mit einem zügellosen Nachtleben auf der Partymeile vergeudet: Diese Geschichte ist der absolute Klassiker aus all den Gleichnissen, mit denen Jesus auf geistliche Wahrheiten hinweisen wollte. Seine Spezialität: Mit diesen Wahrheiten aus realen Lebenssituationen jene inneren Bilder anzuzapfen, die jeder von uns kennt und mit denen sich jeder identifizieren kann.

Diese Geschichte hier ist ein krasses Statement der Hoffnung auf ganz verschiedenen Ebenen. Welche Mutter, welcher Vater fühlt nicht mit diesem Familienoberhaupt mit, das hilflos zuschauen muss, wie in einem einzigen Akt von eiskaltem Trotz der eigene Sohn alles in den Wind schlägt, wofür der Vater sein Leben lang gearbeitet hat, und einfach verschwindet. Es ist der Albtraum aller Elternherzen.

«Gib mir den Teil des Vermögens, der mir zufällt» (Lukas 15,12), fordert der kaltschnäuzige junge Egoist. Es ist das ultimative Mantra eines selbstsüchtigen Herzens: «Will ich haben. Her damit!» Der Vater wehrt sich nicht, gibt dem Jungen das, was er einfordert, und lässt ihn ziehen wie so viele Väter und Mütter, die Nacht um Nacht wachliegen und sich fragen: «Was haben wir bloß falsch gemacht?», während ihr Kind sein eigenes Elternhaus wie einen Selbstbedienungsladen behandelt.

Der Sohn in der Geschichte von Jesus lebt seinen Traum. Narzisstischer Exzess, grenzenlos. Keine Regelkataloge mehr, kein «Hast du für die Matheprüfung gelernt?», kein «Schalte dein Handy endlich aus!» Seine Gründe werden wohl die üblichen sein, mit denen viele Eltern – ob Christen oder nicht – nur allzu vertraut sind: «Ihr seid uncool, ihr seid langweilig, aber ich bin anders: Ich will was erleben, will mit den Kumpels auf die Partymeile gehen.» Oder: «Wenn euer Leben das Leben mit Gott ist, dann will ich es lieber ohne ihn machen und es zu was bringen in dieser Welt.»

Der abtrünnige Junge in der Lukasgeschichte findet seine neu gewonnene Freiheit berauschend. Zumindest anfänglich – und solange noch Geld auf dem Konto ist, um das zügellose Treiben in Gang zu halten.

Wochen und Monate gehen ins Land. Schwere Zeiten kommen, eine wirtschaftliche Flaute. Das üppige Erbe reicht bald nicht mehr für ein Leben auf der Überholspur. Irgendwann kommt der Moment, für den alle verwaisten Eltern inbrünstig beten. Der verlorene Sohn «kam zu sich.» Wenn Umdenkprozesse gefragt sind, ist ein knurrender Magen von unschätzbarem Wert.

Die Wende, die der Junge erlebt, ist zunächst ein Umdenken mit Kalkül. Er braucht etwas zu essen. Sogar die Hofkehrer auf dem heimatlichen Landgut haben Brot auf dem Tisch. Also, nichts wie zurück nach Hause. Aber selbst dieser gewissenlose Kerl weiß, dass er nicht so mir nichts, dir nichts ins elterliche Haus hineinmarschieren kann, als ob nichts gewesen wäre. Die Büßer-Rede, die er im Vorfeld probt, ist beeindruckend. *«Ich habe gesündigt … Ich bin nicht mehr würdig, dein Sohn zu heißen! Mach mich zu einem deiner Tagelöhner!»* (Vers 19)

Aus dem «Gib mir» ist nun also ein «Mach mich» geworden. Keine Ausreden. Kein «Na ja, wenn du mich besser erzogen, alles richtig gemacht, mehr Fußball mit mir gespielt hättest, wenn du nicht so streng gewesen wärst und alles nicht so eng gesehen und meinen Bruder nicht bevorzugt hättest …» Es ist eine saubere Umkehr mit einer 180°-Drehung, ohne Wenn und Aber.

Er hätte sich die Mühe jedoch sparen können. Noch bevor ihm die Mea-Culpa-Worte über die Lippen gleiten, drückt ihn der erleichterte Vater, der wohl Tag für Tag nach ihm Ausschau gehalten hat, fest an sein Herz, lässt eine Party steigen, außer sich vor Freude und Glück, nimmt alle unbeglichenen Schulden auf sich und schenkt seinem Jungen einen Neuanfang.

Oft übersehen wir die Tatsache, dass es hier noch einen zweiten verlorenen Sohn gibt. Auch er ist draußen im Abseits, auch er hat seinen Teil des Vermögens erhalten (Lukas 15,12). Auch zu ihm geht der Vater hinaus, auch ihn will er zurück in die Wärme des Familienherdes zurückführen, inmitten der Festlichkeiten dabeihaben, zurück in einer innigen Vater-Sohn-Beziehung. Doch kein Dank kommt von diesem Sohn. Keine Wertschätzung für einen Vater, der an der Gleichgültigkeit seiner Söhne unendlich gelitten hat. Stattdessen ein Schwall von bitteren Unterstellungen und Anklagen: *«Siehe, so viele Jahre diene ich dir, und niemals habe ich ein Gebot von dir übertreten; und mir hast du niemals ein Böckchen gegeben, dass ich mit meinen Freunden fröhlich gewesen wäre …»* (Vers 29)

Der Vater entgegnet energisch, dass nichts davon wahr sei. *«Alles, was mein ist, ist dein …»* In seinem Groll und seiner Bitterkeit ist dieser Sohn genauso verloren wie sein Bruder. Vielleicht noch verlorener, weil er, anders als sein Bruder, keinen Grund sieht, zur Einsicht zu kommen.

Die Geschichte hat keine Fortsetzung. Wir wissen nicht, ob der Vater beide Söhne zurückbekommen hat; wir erfahren auch nicht, wie es mit den jungen Männern weitergeht. Das, was wir sehr wohl wissen, ist, mit was für einem Vater wir es hier zu tun haben. Wir spüren seinen Herzschlag für seine Kinder. Seine Sehnsucht nach ihnen. Seine Bereitschaft, die eigene Seelenruhe für eine Vaterliebe zu opfern, die nicht auf Gegenliebe stößt. Ob diese Sehnsucht erwidert wird oder nicht, scheint nebensächlich zu sein. Er liebt, weil er nicht anders kann, als zu lieben.

Kann es sein, dass wir nie näher am Herzen Gottes sind, als wenn unser eigenes Elternherz gebrochen ist?

«Denn wir haben nicht einen Hohenpriester, der nicht Mitleid haben könnte mit unseren Schwachheiten» (Hebräer 4,15). Wenn alle Stricke reißen, unser Herz vor Schmerz beinahe platzt, keine Lösungen weit und breit zu sehen sind und wir das Gefühl haben: «Egal, was wir machen, es wird negative Konsequenzen nach sich ziehen», und selbst wenn das Kind so weit weg ist, wie es nur sein kann – gerade *dann* haben wir einen Vater, der mitfühlt und uns auf diesen schmerzhaften Wegen begleitet; einen Vater, dem wir bedingungslos vertrauen und auch alles hinlegen und aufbürden können, selbst das Schicksal unserer Kinder, selbst die Brüche in der eigenen Seele. «Vertrauen und anvertrauen», das darf zu unserem täglichen Gebetsmotiv werden.

4

Spannung aushalten: Werte im Härtetest

Die Epidemie der störrischen Söhne

Es war ein ungewöhnlicher Frauentag. Die meisten Besucherinnen waren Frauen mittleren Alters. Als sie im Laufe des Tages ihre Geschichten auspackten, stellte sich heraus, dass sie eines gemeinsam hatten: Fast alle hatten Kummer mit schwierigen Söhnen. Klar, auch mit trotzigen und aufmüpfigen Töchtern kann man seine liebe Mühe haben, aber hier hatten sich wie durch einen seltsamen Zufall Mütter von Jungs versammelt.

Eine Horrorstory nach der anderen kam zum Vorschein. «Kellerassel-Jungs», die arbeitslos im Hobbyraum vor sich hin faulenzten und sich weigerten, für den Haushalt auch nur einen Finger zu bewegen. Andere, die keine Lust hatten, Bewerbungen zu schreiben oder eine Ausbildung zu machen. Wiederum andere, die ihre Eltern mit großem Geschick um ihre Finger gewickelt hatten und mit der Hilfe von Papas Geldüberweisungen einem Partyleben in Saus und Braus frönten. Und sich gleichzeitig als psychisch krank und arbeitsunfähig ausgaben.

So unterschiedlich die Geschichten auch waren, gab es doch einen roten Faden, der sich durch alle Erzählungen zog: Die abtrünnigen Söhne machten sich über den Glauben ihrer Eltern lustig und zeigten nicht die geringste Spur von Verständnis für den Schmerz, den sie verursachten. Einige Mütter waren über den Schock nicht hinweggekommen, dass ihr früher Bibelverse zitierendes und «Halleluja» singendes Schulkind sich über Nacht in ein höhnisches, ewig pubertierendes Monster verwandelt hatte.

Ich fragte mich beiläufig, warum ausgebüxte Jugendliche aus christlichen Familien es oftmals so krass übertreiben müssen. Kann man nicht den Glauben der Eltern ablehnen und trotzdem ein anständiger und lebensfähiger Erwachsener werden? In dieser Gruppe von Muttis scheinbar nicht. Diese und weitere Fragen gingen mir nach. Nicht nur an diesem Tag.

Mit Ratschlägen geht man in so einer Situation behutsam um. Sorgen machte ich mir hauptsächlich um die Mütter selber. In den betretenen Gesichtern vor mir verwirklichte sich in vollen Zügen der alte Spruch:

«Als die Kinder klein waren, sprachen wir mit ihnen über Gott. Als sie größer wurden, sprachen wir mit Gott über die Kinder!»

An diesem Tag wollte ich mit Gott über die Mütter sprechen. Und mit den Müttern über ihre Kids? Nein, auch über die Mütter! Es sollte also auf allen Ebenen mal nur um die Mütter gehen!

Aber was sah ich vor mir? Gebeugte Gestalten. Tiefe Furchen in Gesichtern, die doch immer noch das gute Recht gehabt hätten, in einer spät-jugendlichen Blüte zu leuchten und zu strahlen. Stattdessen ungepflegte Haare, lieblos ausgewählte Kleidung, ungesunde Körperhaltung. Als ob sich diese Muttis als vollkommene Versagerinnen für ihre ganze Existenz entschuldigen müssten. – Eine Wut stieg in mir hoch, als ich sah, was auch ein erwachsenes Kind noch immer mit seiner Mutter anrichten kann und welche Macht es über sie hat. So viele gebrochene Träume in einem einzigen Versammlungssaal. Boulevard of broken dreams …

Am Ende des Tages legte ich meine vorbereiteten Notizblätter für die geplante Bibelarbeit zur Seite und hielt einen spontanen Vortrag zum Thema «Erobere dein Leben zurück!» So eine «ungeistliche» Rede habe ich wohl noch nie zuvor gehalten. Am Anfang machte ich ihnen klar: Unsere Beziehung als Mütter zu Gott muss befestigt sein. Als Eltern müssen wir uns in Gott verankern – in guten, aber vor allem auch in schwierigen Zeiten. Gerade diese Gottesbeziehung kann uns mitten im Chaos das Lachen wieder schenken. – So weit, so geistreich.

Dann aber kam ich auch auf die ganz praktischen Schritte zu sprechen: «Kauf dir neue Klamotten. Melde dich fürs Fitness-Training an. Geh mal wieder zum Friseur. Richte deine Wohnung neu ein. Bewirb dich um eine Stelle. Lass dich stylen. Lerne ein Instrument, lade Freundinnen ein, fang ein neues Hobby an. Plane einen Urlaub mit deinem Mann, fülle dein Leben wieder mit Lachgesichtern. Sei gut zu dir selbst.» Und nebenher wagte ich es, Gedanken einzuwerfen wie: «Setze eine Frist, bis der Kerl endlich auszieht!» (gemeint war der verwöhnte Sohnemann im Hotel Mama), «Dreh den Geldhahn endlich zu», «Lass ihn endlich für sein Essen und seine Miete selber aufkommen» bis hin zu «Setze ihn auf die Straße, morgen schon, wenn möglich.»

Meine Message lautete: Zeigt euren Söhnen, dass auch *ihr* dickköpfig sein könnt. Und dass auch wir Mütter wissen, wie man auf die Barrikaden steigt und eine Null-Bock-Atmosphäre aufbauen kann. Die ganze Klaviatur aus dem Musical ‹Mag ich nicht, will ich nicht!› beherrschen wir doch alle ganz wunderbar! Lasst euch nicht alles gefallen. Nehmt euch ein Beispiel an euren Jugendlichen, werdet rotzig und trotzig und bildet rebellische Cliquen unter dem Motto: ‹So weit und keinen Schritt weiter! Es reicht! Jetzt ist Mutti-Time!›»

Ob es was gebracht hat oder nicht, weiß ich nicht. Das Gelächter im Saal und das Schmunzeln in den Gesichtern am Ende des Tages taten auch mir auf jeden Fall gut. Über manches herzhaft lachen zu können ist immerhin ein Anfang und nimmt manch einer Krise ihren Stachel.

Ich dachte an die Zeit zurück, in der ich meine Haare morgens vor dem Spiegel nach neuen grauen Strähnen durchsuchte, bevor die ersten unfreundlichen Grunz-Geräusche aus einem Teenie-Zimmer zu hören waren oder ich schon wieder überlegen musste: «Wecke ich ihn auf? Oder erspare ich mir den Wutausbruch, der darauf folgen wird, und lasse ihn wieder die erste Stunde schwänzen?»

Mit Dankbarkeit erinnerte ich mich an meine Mitstreiterinnen im Haifischbecken der Teenager-Erziehung. An schlechten Tagen teilten wir die Taschentücher und machten uns gegenseitig Mut, Spuren der Gnade Gottes mitten in den zugemüllten Schlafzimmern zu suchen und das Gute in unseren Kindern nicht aus den Augen zu verlieren. Wir bestärkten uns darin, ruhig zu bleiben, wenn dicke Luft im Haus herrschte und wir schon wieder nicht wussten, was wir falsch gemacht hatten. Oder wenn nur einsilbige, bissige Geräusche – oder gar nichts – als Antwort auf ganz normale höfliche Fragen kamen. Wir halfen uns gegenseitig, nicht aufzugeben, zerrten unsere Teenager morgens aus dem Bett, unterstützten mit Volldampf jede Mitarbeit ihrerseits in der Gemeinde, finanzierten Musikunterricht, schickten sie zu den Pfadfindern, mahnten Fehlverhalten an und erlaubten uns nicht, unseren Humor zu verlieren. Wir verabschiedeten uns endgültig vom Image der christlichen Bilderbuchfamilie und machten uns auf, anderen Eltern beizustehen, die einen ähnlichen Leidensweg gingen. Wir konnten mitfühlen.

«Nicht weil ihr mehr wäret als alle Völker, hat der Herr sich euch zugeneigt und euch erwählt – ihr seid ja das geringste unter allen Völkern –, sondern wegen der Liebe des Herrn zu euch» (5. Mose 7,7). Da haben wir es. Er liebt bedingungslos. Das war die Energie, die wir Eltern jetzt brauchten und um die wir gebeten hatten.

Der Ringkampf zweier Kulturen

Die verschiedenen Spannungsfelder, in denen sich die Mütter von dem Frauentag damals und auch ihre Ehemänner befinden, ist in einer Gesellschaft, die sich mit militantem Eifer immer mehr von christlichen Normen verabschiedet, das tägliche Brot von Verantwortlichen in jeder Gemeindearbeit.

«Weißt du, was der Lohn einer Mutter ist?», fragte mich neulich die gestandene Frau eines Predigers, von der alle drei gut geratenen Töchter Pastoren geheiratet hatten. Ich wollte es nicht unbedingt wissen, aber sie wollte es mir sagen. «Dass alle Kinder gläubig sind!»

Ihre Antwort klang leicht selbstgefällig. Ihre Freude gönnte ich ihr von ganzem Herzen. Ich dachte aber an die vielen Eltern, die dieses Statement als Hohn empfinden würden. Es gibt nichts, was ernsthaft gläubige Eltern sich mehr wünschen, als dass ihre Kinder sich für den Glaubensweg entscheiden, den sie selber gehen. Der christliche Glaube – anders als ein Hobby oder eine Freizeitbeschäftigung – ist allumfassend und wirkt sich auf alle Lebensbereiche aus. Es geht um Ewigkeitswerte, um Leben und Tod, um einen Lebensstil, der in einem immer krasseren Gegensatz zum modernen Zeitgeist steht. Gerade das ist das Qualitätssiegel christlicher Gemeinschaft. Man teilt Ansichten, Lebensperspektiven und Werte, die eine Gegenkultur innerhalb der Gesamtkultur bilden und uns die Aussicht auf ein stabiles und gesundes Leben vor Augen stellen – und das mitten in einer gebrochenen und chaotischen Welt. Als Christen leben wir in der festen Überzeugung, dass diese Werte nicht nur alternativlos und ewig sind, sondern auch dem Leben im Diesseits Sinn und Freude geben. Welche Eltern wünschen sich das nicht für ihre Kinder?

Und doch – nichts, was mit der Bibel zu tun hat, kann Menschen von außen aufgedrückt werden. Auch nicht den eigenen Kindern. Zur Nachfolge Jesu kann aufgefordert, ermutigt und eingeladen, aber nie gezwungen werden.

Liebe Gott und liebe deinen Nächsten: Das ist der Grundstein des biblischen Wertesystems und die Kernkompetenz unseres Lebens als Christen. Wer Gott liebt, dem kann der Nächste nicht egal sein, die eigene Familie schon gar nicht. Unsere Sorge füreinander ist das Schaufenster schlechthin für die gelebte Liebe Gottes – und soll im Idealfall Außenstehenden den Mund wässerig machen, sodass auch sie dazugehören wollen. An unserer Liebe füreinander – nicht an unseren Leistungen, Talenten, Theologie-Kenntnissen, Argumenten und Errungenschaften – soll die Welt erkennen, dass wir Jesu Jünger sind (Johannes 13,35). Auf jeder Seite der Bibel finden wir diese Vision einer Himmelskultur wieder, einer Community, die ein Stück heile Welt in diesen gebeutelten Planeten Erde hinein bringt. Mal wird sie buchstäblich als Familie bezeichnet, als *«Haushalt des Glaubens»* (Galater 6,10), mal als Leib mit Gliedern, die unzertrennlich sind wie die von einem menschlichen Körper, mal als Armee, als einheitliche, schützende Barrikade gegen die Übergriffe einer feindlichen Welt.

Die Gemeinschaft der Jesusnachfolger als Filiale Gottes in feindlichem Revier – all diese Metaphern finden sich in dem Begriff «Reich Gottes» wieder. Dass es in diesen Filialen allerdings oft alles andere als himmlisch zugeht, wird auch in der Bibel schonungslos geschildert. Familienidylle nach Gottes

Vorstellung finden wir dort eher selten. Gute Richter und Könige haben böse Söhne. Unter Geschwistern herrschen bürgerkriegsähnliche Zustände. Angefangen mit Kain und Abel, weiter mit Jakob und Esau, Josef und seinen Brüdern oder auch den Söhnen von Eli, Samuel und König David. Die Bibel wäre nicht so ein dickes Buch, wenn der Haus- und Familiensegen nicht an allen Ecken und Enden schief gehangen hätte.

Wenn Bibelverse wehtun

Die Bibel macht es uns als Eltern – auf den ersten Blick zumindest – nicht leicht. Sie setzt klar voraus, dass es die wichtigste Aufgabe christlicher Eltern ist, ihre Kinder auf der Glaubensspur zu erziehen. Wenn Kinder andere Wege gehen, geschieht mehr als die Entfremdung, die in jeder Familie normal ist, wenn ihre Mitglieder intern nicht mehr die gleichen Prioritäten teilen. Eltern haben das Gefühl, als Christen in der wichtigsten aller Aufgaben versagt zu haben. In seinen berühmten letzten Worten betont Mose vor allen Dingen die Kindererziehung: *«Und diese Worte, die ich dir heute gebiete, sollen in deinem Herzen sein. Und du sollst sie deinen Kindern einschärfen, und du sollst davon reden, wenn du in deinem Hause sitzt und wenn du auf dem Weg gehst, wenn du dich hinlegst und wenn du aufstehst.»* (5. Mose 6,6–7)

Die «Machbarkeit» von gut geratenem Nachwuchs scheint im Wort Gottes eine klare Sache zu sein. Ich muss nur richtig handeln und auf die richtigen Knöpfe drücken, dann werden meine Kinder Paradehengste für gelungene Frömmigkeit. Sowohl

Eli, Samuel wie auch König David werden zur Rechenschaft gezogen, weil sie nicht konsequent genug gegen ihre Söhne vorgehen, als sie auf Irrwege geraten (1. Samuel 3,13; 1. Samuel 8,1–3; 2. Sam 13,14ff). Durch manch ein gebrochenes Elternherz fährt ein heftiger Stich, wenn der Psalm 127 aufgeschlagen wird mit Lobgesängen auf den Kindersegen:

«Siehe, ein Erbe vom Herrn sind Söhne, eine Belohnung die Leibesfrucht. Wie Pfeile in der Hand eines Helden, so sind die Söhne der Jugend. Glücklich der Mann, der seinen Köcher mit ihnen gefüllt hat! Sie werden nicht beschämt werden, wenn sie mit Feinden reden im Tor.» (Psalm 127,3–5)

Wenn deine «Feinde» die eigenen Söhne und Töchter sind, dann ist dieser Vers nicht gerade eine Ermutigung. Die Tatsache, dass ausgerechnet König Salomo, der ja nun alles andere als ein mustergültiger Familienvater war, im Buch der Sprüche die griffigen biblischen Tipps verfasst hat, mag ein kleiner Trost sein. Aus seiner Feder stammen Klassiker wie: *«Erziehe den Knaben seinem Weg gemäß: er wird nicht davon weichen, auch wenn er älter wird»* (Sprüche 22,6), oder: *«Mein Sohn, bewahre meine Worte, damit du lebst, und meine Weisung wie deinen Augapfel»* (Sprüche 7,2).

Im Neuen Testament geht es gerade so weiter mit Ermahnungen zu einer konsequenten Erziehung. Von Kindern wird laut dem Apostel Paulus erwartet, dass sie ihren Eltern *«gehorchen in dem Herrn»*. Er beruft sich auf eins der Zehn Gebote, *«Ehre deinen Vater und deine Mutter»*, und erinnert seine Leser daran:

«Das ist das erste Gebot mit Verheißung – damit es dir wohlgehe und du lange lebst auf der Erde» (Epheser 6,1–3). In seinem Brief an seinen Mitarbeiter Timotheus macht er unmissverständlich klar, dass Verantwortungsträger in Gemeinden gut erzogene Kinder haben sollen (1. Timotheus 3,4).

Kommt dazu, dass es für diese wichtigste aller Aufgaben keine Generalprobe gibt, kein Training, kein Praktikum, keinen Studiengang und kein Praxissemester. Als Mutter habe ich nur *eine* Chance, alles «richtig» zu machen. Gleichzeitig habe ich ja mehr als genug zu tun, mit meinen eigenen Defiziten und Schwächen klarzukommen. Gott ist ein unkalkulierbares Risiko eingegangen, als er uns das Leben anderer kleiner Wesen anvertraut hat, lange bevor wir uns selber zuversichtlich als «erzogen» bezeichnen können. Können wir das überhaupt je?

Wenn Überzeugung und Wirklichkeit auseinanderklaffen

Gerade diese eindringlichen Mahnungen aus der Bibel hatten unsere Bekannten Simon und Elke im Kopf, als ihr Sohn Matthias, das vierte von fünf Kindern, ohne ersichtlichen Grund anfing, mit Kumpels aus dem Leistungskurs in der Schule die Nächte durchzuzechen. Er fand seine gleichaltrigen Freunde in der Kirchengemeinde, in der sein Vater zum Leitungsteam gehörte, plötzlich langweilig und seine Eltern und Geschwister «ober-uncool». Die Stunden, in denen er nicht in Bars und Nachtlokalen zu finden war – wohlverstanden trotz seiner Minderjährigkeit –, verbrachte er hinter verschlossener Tür an seinen PC geheftet und offenkundig unterwegs in digitalen Welten, von denen seine Eltern keine Ahnung hatten. Simon und Elke mussten sich schon bald an mitleidsvolle Blicke und Kommentare aus ihrem christlichen Bekanntenkreis gewöhnen. «Tja, selbst die Leiter bekommen es nicht hin!», bemerkten einige, nicht ohne eine gewisse Schadenfreude.

Während Simon die Entwicklungen anfänglich eher gelassen als normalen jugendlichen Leichtsinn in Kauf nahm, lag Elke nachts wach, auf der Suche nach Erklärungen. Alle fünf Kinder wuchsen mit den Klängen von «Ho-ho-hosianna», «Gott hat alle Kinder lieb» und «ein Volltreffer Gottes bist du» im Ohr auf, das Gemeindehaus war ihr zweites Zuhause, und sie hatten ein Topangebot an Tischkickern, Spielschränken und Aktivitäten vor sich – es war für jeden Geschmack etwas dabei.

Elke hatte auf einen Beruf außerhalb von zu Hause verzichtet und alles darangesetzt, für ein fröhliches und stabiles Familienleben zu sorgen. Ihre Kinder waren für eine fromme Laufbahn bestens aufgestellt. Die drei ältesten Kinder und der Jüngste der Fünferschaft blühten in dieser Umgebung regelrecht auf. Simon und Elke sahen keinen Grund, warum nicht auch ihr viertes Kind in ihren Fußstapfen folgen würde. Sie selber hielten Seminare zu Familienthemen und waren eine beliebte Anlaufstelle für Eltern, die Begleitung suchten.

Umso größer die Verlegenheit, als ihr Sohn in der Schule mehr Zeit vor der Tür des Klassenzimmers verbrachte als im Klassenzimmer selber. Er war störrisch und unhöflich, bäffte die

Lehrer an und löste bei allen Autoritätspersonen, mit denen er es zu tun hatte, ein ratloses Kopfschütteln aus, allen voran bei seinen Eltern. Einmal erlaubte sich Matthias einen Streich zu viel. Simon und Elke wurden vom Rektor ins Büro zitiert, um über Strafmaßnahmen zu beraten. Sie waren am Boden zerstört. Es wirkte wie die häufige Ironie des pädagogischen Schicksals: Die Fachleute bekommen zu Hause das nicht gebacken, was sie gegen außen hin allen anderen empfehlen. Dazu noch der doppelte Tiefschlag: Ausgerechnet den Christen, die behaupten, Gott auf ihrer Seite zu haben, wird eine Extraportion Leid zugeteilt …

Elke und Simon schielten neidisch auf Eltern, die auf *ihren* spezifischen Rat hin den ersehnten Durchbruch in schwierigen Erziehungsproblemen erlebt hatten. Das Gefühl von Versagen und Unvermögen, mitunter auch von eigener Schuldhaftigkeit und einem Bestraft-Werden, saß tief. Am allermeisten taten die Distanz und die Schweigsamkeit weh, die sich zwischen ihnen und ihrem Sohn entwickelten. Sie machten sich auch um seine Zukunft Sorgen. Seine Schulleistungen befanden sich im rasanten Sinkflug, und sein Interesse an einer beruflichen Zukunft lag bei Null.

Zu allem Übel dazu waren aus den Kindern von Elkes Freundin Sarah zwei brave, die Bibel lesende und Gitarre spielende Muster-Teenies geworden. Ausgerechnet Sarah, die sich frühzeitig von ihrem Mama-bleibt-zuhause-Idealismus verabschiedet hatte, zurück in den Teilzeitberuf gestartet war («Ich bin eine viel bessere Mutter, wenn mir die Decke nicht auf den

Kopf fällt») und ihre zwei kleinen Chaoten ohne Gewissensbisse einer ebenso chaotischen Nanny überlassen hatte. Nun waren aus den beiden Kids mustergültige junge Kirchgänger und engagierte Mitarbeiter in der Kinderkirche geworden. «Mach dir nichts draus», tröstete Sarah ihre Freundin Elke. «Vergiss nicht, ich habe nur zwei. Du aber hast fünf. Wer so viele Kinder hat, muss damit rechnen, dass mindestens eins davon ausbricht. Immerhin machen dir vier von deinen fünf keine Probleme. Deine Erfolgsquote ist also höher als meine.»

Ein Navi für das Minenfeld

«So viel wird vorgeschrieben, zugesagt, versprochen in der Bibel, aber bei mir schien nichts davon zu funktionieren», klagt Elke. Eine Krisenstrategie wurde erarbeitet. Simon und Elke beschlossen, angesichts der bedrückten Stimmung im Haus für Ordnung zu sorgen. Auch die Geschwister litten ja unter dem Verhalten des Bruders; manchmal wollte niemand sein Zimmer verlassen, wenn Matthias im Haus war.

Andere Eltern aus der Gemeinde beobachteten ganz genau, wie sich die «Experten» im eigenen Trümmerfeld verhielten. «Im Haus muss Friede herrschen», beschlossen Simon und Elke, «egal für welche Lebenswege sich die Kinder entscheiden.» Sie bestanden auf einem Gespräch mit Matthias und machten mit ihm einen schriftlichen Vertrag: Wie hatte er sich – und wie hatten sich die Eltern – mitten in diesen Unstimmigkeiten zu verhalten, bis er selbständig war und das Haus verlassen konnte? Sie machten ihm klar, dass es hier nicht um die Frage «fromm oder nicht fromm» ging. Auch kirchenferne Eltern mit gesundem Menschenverstand würden sich um die Zukunft ihres Kindes Sorgen machen. Hier ging es um seine Lebensfähigkeit, ganz zu schweigen von den Rechten seiner Geschwister und seiner Eltern auf ein friedliches Miteinander im Haus.

Sie forderten ihn auf, den Gottesdienst weiterhin zu besuchen – solange er unter dem Dach der Eltern lebte. Er durfte aber gerne in eine andere Gemeinde gehen, falls er den Druck, Sohn eines geistlichen Leiters zu sein, nicht mehr aushielt. Er sollte abends zu einer ausgemachten Zeit zu Hause sein, so wie seine Geschwister. Zu Hause hatte er sich anständig, freundlich und kooperativ zu verhalten, hatte auf Fragen zu antworten und seinen Teil der Hauspflichten zu erledigen, ohne «Ich bin hier nicht der Bimbo!» in der Gegend herumzuschreien. Die Zeit am Laptop musste begrenzt werden, Surfen im Internet durfte nicht mehr hinter verschlossener Tür geschehen. Das Auto der Eltern durfte er nur für Fahrten ausleihen, welche die Eltern genehmigten. Das Auto gehörte ihnen, nicht Matthias. Was er später mit seinem eigenen Auto tun würde, wäre seine Sache. Kein Kind dürfe das hart verdiente Geld der Eltern fahrlässig in den Wind schlagen.

Elke schlug vor, dass er seinen Schulabschluss auf der Hauptschule macht und danach gleich eine Ausbildung. So würde das Elend sich erübrigen, dass sie ihn ständig nervten, er möge seine Hausaufgaben machen und auf Klassenarbeiten hin intensiver lernen. Abitur muss nicht sein, sagte sie ihm. Aber er sollte sich der Folgen bewusst sein und könnte es später bereuen. So der Inhalt des Gesprächs, das Matthias erwartungsgemäß mit mürrischer Miene über sich ergehen ließ. Aber den Vertrag unterschrieb er.

Die Strafmaßnahmen gegen Matthias, die die Schulleitung vorschrieb, fand Elke demütigend, Simon fand sie viel zu milde. Beiläufig fiel Elke auf, wie überrascht der Rektor sich über die unterstützende Haltung der Eltern zeigte. So ein Entgegenkommen von Eltern in empfindlichen disziplinarischen Prozessen habe er noch nie erlebt, meinte er. «Na ja, vielleicht war gerade das unsere Vorbildfunktion in dieser Situation», dachte Elke verbittert. «Dass wir Autoritätspersonen unterstützen, auch wenn wir uns regelrecht wie die schlimmsten Versager vorkommen.»

Die innere Zermürbung und die Wende

«Wie haben wir Matthias verloren?» – «Haben wir ihn vernachlässigt?» – «Hat der Junge darunter gelitten, das vierte Kind in der Reihe zu sein und drei Überflieger als ältere Geschwister zu haben?» – «Hätten wir ihn in eine andere Schule schicken sollen?» – «Sind unsere Kinder besonders angreifbar, weil ihr Vater im vollzeitlichen Gemeindedienst steht und für christliche Werte Flagge zeigt?» – «Wie kann Gott so gemein sein? Müssen die Kinder den Preis, den es ohnehin kostet, so einen Job zu machen, mitbezahlen?» Fragen über Fragen …

Simon und Elke warteten fieberhaft auf jedes noch so kleine Zeichen einer Sinnesänderung bei Matthias, fragten sich auch, ob ihre Intention und ihre Motive in Ordnung waren. Waren sie wirklich um den Jungen besorgt, oder war ihr Ruf als christliche Leiter zu wichtig geworden?

Es wurde schließlich eine Geschichte mit Happy End. In der Hitze des Gefechts vergessen viele Eltern, dass schwierige Phasen oft eine *Momentaufnahme* sind. Auch das ungenießbarste Kind entwickelt sich irgendwann weiter!

Matthias schaffte die Wende, legte einen ordentlichen Schulabschluss hin, war auch im Beruf erfolgreich, ist inzwischen selber ein gestandener Familienvater und mit seiner Frau zusammen in einer Gemeinde engagiert. Die Beziehung zu seinen Eltern und Geschwistern ist wertschätzend und herzlich. Wenn er gefragt wird, was ihn zur Umkehr bewegt hat, nennt er banale Gründe. Nichts Dramatisches. Er sah ein, dass ein guter Schulabschluss keine so schlechte Idee wäre, auch wenn die Idee von seiner Mutter kam. Schon immer träumte er davon, ein bestimmtes Auto zu fahren, das man sich allerdings nie leisten kann, wenn man sich in der Schule gerade noch durchgemogelt hat. Es waren Entscheidungen, die jeder vernünftige Jugendliche treffen kann, auch ohne gläubig zu sein. Sich in ein Mädchen zu verlieben, das ihr Christsein ernst nimmt, hat Matthias ebenfalls geholfen. Freunde in der Gemeinde blieben an ihm dran, gingen ihm nach und erwiesen sich als doch nicht so «ober-uncool», wie er in seinen dunklen Stunden behauptet hatte.

«Ich habe mich oft gefragt, ob unsere Gemeindekultur, vor allem in freien Gemeinden, immer hilfreich ist», sagte mir Elke. Sie erzählte, wie es auch bei Matthias so gut angefangen hatte. Er hatte bei jeder Gelegenheit «Jesus in sein Herz aufgenommen» und die aktuellsten Bibelverse aus der Kinderkirche vorgetragen. Die Echtheit einer kindlichen Bekehrung zu Jesus will Elke nicht anzweifeln. Der eigentliche Härtetest kommt allerdings später, das sieht sie heute deutlich. Das Schwarz-Weiß-Denken in manchen christlichen Kreisen und die engen Schienen, auf denen die Kinder teilweise geführt werden, könnten ein Schuss nach hinten sein.

Gott kennen oder schauspielern?

Ich dachte viel über Elkes Worte nach. Wenn wir nicht aufpassen, lernen unsere Kinder weniger über die Wege Gottes und die Beziehung zu ihm als über die Kunst, gut zu schauspielern, angelernte Gesten zu übernehmen, um Ärger zu vermeiden, und dann bei erstbester Gelegenheit auszubüxen und die Flucht zu ergreifen. Manch ein Micha, Lukas oder Jakob, denen ich begegnete – oder eine Jochebed, Salome oder Hanna –, hat seinem bzw. ihrem biblischen Namen alles andere als Ehre erwiesen, hat stattdessen brav die Gottesdienste durchgesessen und den Rest der Woche heimlich geraucht, Alkohol getrunken und sich mit Kumpels von der Schule schmuddelige DVDs angeschaut.

Ich selber hatte vor einigen Jahren mit zwei Jugendlichen zu tun, in deren Familie ein stark spürbarer frommer Zwang herrschte. Weil sie vieles nicht durften, was anderen Kindern sowohl in ihrer Schule als auch in ihrer Gemeinde erlaubt wurde, waren sie Außenseiter. Das Mädchen trug nur Röcke, und beide Kinder durften an Klassenausflügen nicht teilnehmen, um nicht unter «weltlichen Einfluss» zu kommen. Solche hammerharten Verbote bringen christliche Kinder jedes Mal in ein unmögliches Dilemma. Sie wollen ihren Eltern alles recht machen, gewiss. Aber mit dem Erwachsenwerden kommt auch der Drang, unter Gleichaltrigen Akzeptanz zu finden und zur Clique dazuzugehören. Was bleibt ihnen übrig, als ein Doppelleben zu führen? Andere wiederum passen sich mucksmäuschenstill einfach an, unterdrücken Wünsche, Träume und tiefere Sehnsüchte in ihrem Wesen und ihrer Persönlichkeit, werden mit der Gunst der Eltern belohnt und dürfen als die Braven der Familie leuchten. Die Nicht-Braven aber werden dafür umso mehr emotional ausgegrenzt.

Nein, die Pubertät geht an unseren Kindern nicht vorbei, nur weil wir in der Bibel lesen. Manch ein christliches Elternteil, das im frommen Abseits gelebt hatte, musste mit Empörung feststellen, dass auch christlich erzogene Kinder Hormone haben und ihre eigene Identität finden müssen. Vorbei sind die Zeiten, in denen eine christlich geprägte Gesellschaft das Ziel von Eltern unterstützt hat, verantwortungsbewusste junge Leute mit christlichen Normen zu erziehen. Oder in denen auch Jugendliche mit anpacken mussten, um vor dem Gewitter eine überlebenswichtige Ernte vom Feld reinzuholen oder jeden Tag Zeitungen auszutragen, um die Haushaltskasse aufzustocken. Früher hatten junge Menschen nicht den Luxus, unbegrenzt zu pubertieren und gegebenenfalls aus der Pubertät nicht wieder herauszukommen. Außerdem haben die meisten Jugendliche viel früher geheiratet als heute und waren in jungen Jahren schon mehr mit der Kassenführung bei straffem Budget beschäftigt als mit der Suche nach den neuesten Computerspielen.

Und noch tiefer reflektiert: Wer in einer glücklichen Partnerschaft landete, hatte Sex frühzeitig, live und echt. Digitalen Solo-Sex per Mausklick gab es nicht. Gegen die mediale und sexuelle Reizüberflutung der heutigen Kultur anzukommen, ist ein wahrhaftiger Kraftakt, auch für die hartnäckigsten Eltern und Erzieher. Von den Jugendlichen, dem neuen und damit komplett überforderten «Zielpublikum», ganz zu schweigen.

Die Gefahren auf beiden Seiten des Pferdes

Im Schulalltag werden unsere Kinder auf ganzer Linie von der Ideologie einer modernen Spaßgesellschaft vereinnahmt, deren einziges Gebot lautet: «Wenn es sich gut anfühlt, nur zu! Anything goes!» Wie kann da ein biblisches Christsein, das genau das Gegenteil fordert, dagegenhalten? Wie kann es junge Seelen prägen, die noch nicht von der Tiefe des Evangeliums berührt sind, noch kein Verständnis von der Kraft des Kreuzes Jesu haben? Wie können wir in unseren Gemeinden Raum schaffen, in dem die Kinder reifen, pubertieren, Zweifel haben,

Fragen stellen, mündig werden und zu einem selbständigen Glauben finden können – ohne in ihren holprigen Phasen schräg angeschaut zu werden und eine kalte Abfuhr zu bekommen? Und wie kann gleichzeitig solcher Raum geschaffen werden, ohne dass pubertierende Jugendliche in ihrer ganzen flirrenden Unruhe die gesamte Jugendgruppe durcheinander wirbeln, in der klare Weichenstellungen und biblische Richtungsweisung ja entscheidend wichtig sind und bleiben?

Der erste Schritt besteht vermutlich darin, diese Fragen auf den Tisch zu bringen. Auf höchster Ebene Brainstorming zu betreiben in Überlegungen, wie wir als christliche Erzieherinnen und Erzieher junge Querdenker, Experimentierfreudige, Prüfende und Fragende mitten in den Widersprüchen dieser Welt abholen und begleiten können. Für Gott und Gemeinde gewonnen, sind sie wertvolle Pioniere, Visionäre und Reformer – die Trendsetter, die wir in der Kirche dringend brauchen. Eine natürliche Abnabelung vom Elternhaus muss nicht gleich eine Abnabelung von Gott und der christlichen Gemeinschaft bedeuten, davon bin ich überzeugt.

Wenn Zweifler in Gemeinschaften leben, in denen sie keine Luft zum Atmen haben und keine Fragen stellen dürfen, mutieren sie irgendwann zu klassischen «Gemeindegeschädigten». Sie sehen sich selber irgendwann als die «Aufgeklärten», die sich von ihren Zwängen befreit haben. Sie überschütten christliche Gemeinden mit Hohn, verunglimpfen ihre ehemaligen Jugendleiter als gesetzlich, fundamentalistisch und eng und ziehen mit einem mitleidsvollen Kopfschütteln über ihre rückständigen Kumpels her, die immer noch in eine Gemeinde gehen. Viele pseudo-christliche Werke leben inzwischen von genau dieser Kundschaft der Ex-Evangelikalen.

Vielleicht geben manche Erfahrungsberichte in diesem Buch Aufschluss in diesem Dilemma!

Fromme Kinder – geistliches Qualitätssiegel oder Zufall?

Zurück zu Elke und Simon. Ich bewunderte die Ehrlichkeit, mit der sie auch ihre eigenen Motive in der Krise mit Matthias überprüft haben. Immer wieder ertappte sich Elke dabei, zu viel an ihren eigenen Ruf zu denken und weniger an das Wohlergehen ihres Sohnes. In ihrem Umfeld galten gläubige Kinder als Trophäen, unterschwellig zumindest. Man schnalzte mitleidsvoll mit der Zunge und blickte auf die hinab, bei denen es «nicht geklappt» hatte. Gründe konnte man immer finden. «Kein Wunder, wenn die Mutter so bald wieder berufstätig ist.» – «Tja, das hat man davon, wenn man die Kinder immer zur Oma schickt, die sie dann nur verwöhnt.» – «Der Vater hatte halt nie Zeit.» – «Die Mutter war zu locker und zu wenig konsequent.» – «Man war eben nicht streng genug in Bezug aufs Internet.» – «Bin ich froh, dass ich mein Kind in jenes Haus nie reingelassen hab!», und so weiter.

Im Nachhinein ist Elke froh, die Enttäuschung, Sorge und Entscheidungsnot selber erlebt zu haben, ein derart schwieriges Kind bewusst «loslassen» zu müssen. Es hat sie von ihrem hohen Ross heruntergebracht, und sie kann heute mit anderen betroffenen Eltern besser mitfühlen. Sie setzt sich seitdem für eine Gemeindekultur ein, in der das Thema «Kinder, die andere Wege gehen» nicht tabu ist und nicht unter den Teppich gekehrt wird, nur weil es zu peinlich ist, darüber zu reden, und man nicht immer gleich Antworten hat.

In der Theorie ist es klar, in der Umsetzung aber nicht immer, meint Elke: Kein noch so überzeugter Christ kann oder darf versuchen, sein Kind durch äußere Zwänge «gläubig zu machen», Gott zu spielen und dadurch emotional und geistlich übergriffig zu werden. Derartiger Machtmissbrauch macht aus einer Gemeinschaft einen Kult. Ein No-Go also.

Ganz unabhängig von der Entscheidung unserer Kinder für oder gegen den Glauben ist es dennoch unsere Aufgabe als Eltern, unsere Kinder lebensfähig zu machen, ihnen die Worte «Bitte» und «Danke» und den Respekt für andere beizubringen, ihnen gute Manieren und gesunde Werte mit auf den Weg zu geben, mit denen sie ein erfolgreiches Leben führen und für ihre Mitmenschen genießbare Mitbürger sein können. Dies hat weniger mit Frömmigkeit zu tun als mit gesundem Menschenverstand. In dieser Hinsicht haben wir sehr wohl einen Einfluss, ist Elke überzeugt.

Eli, Samuel und David wurden für das *Verhalten* ihrer Söhne zur Rechenschaft gezogen, nicht für deren innere Überzeugungen bzw. den Mangel an Überzeugungen. Der Unterschied ist wichtig. Diese Väter haben ihre Söhne einfach verwöhnt und ein Auge zugedrückt, als diese auf Kosten anderer gelebt haben. Elis Söhne haben das Heiligtum Gottes durch ihre Hurerei entweiht, Samuels Söhne das Priestertum entehrt, Davids Söhne sich wie unkontrollierbare Paschas rumgetrieben. *Das* war das Problem; nicht die Frage, ob sie geglaubt haben oder nicht.

Elkes Fazit im Rückblick:

«Eine gute Erziehung hat nicht primär damit zu tun, dass mein Kind gut geraten ist. Sondern vielmehr damit, wie ich reagiere, wenn es sich danebenbenimmt. Und wie ich reagiere, wenn ich selbst mich danebenbenehme. Es darf für uns als Eltern nie unter unserer Würde sein, uns bei unseren Kindern für begangene Fehler zu entschuldigen, sei es nun unmittelbar danach oder auch erst einige Zeit später.»

Wenn ich die Geschichte von Simon und Elke Revue passieren lasse, bewundere ich sie als gute und erfolgreiche Eltern. Nicht, weil sie keine Fehler gemacht haben. Auch nicht, weil sie mit Matthias nach der ganzen emotionalen und extrem nervenaufreibenden Achterbahnfahrt ein Happy End erlebt haben. Sondern weil sie mitten in der Krise ehrlich über ihre eigene Not gesprochen haben, das Verhalten ihres Sohnes nicht beschönigten, keine Ausreden für ihn oder für sich selber suchten – und gleichzeitig konsequent blieben. Der Sohnemann durfte seine Launen nicht mehr auf Kosten der anderen im Haus ausleben. Die Eltern gingen das Risiko ein, Matthias' Missgunst erst recht auf sich zu ziehen. Trotzdem versuchten sie nicht, ihn in Glaubenszwänge hinein zu manipulieren, zogen aber, wo nötig, klare Grenzen, wenn es um sein teilweise unmögliches Verhalten ging.

Matthias' Umkehr war eine Entscheidung für die Vernunft. Wie beim verlorenen Sohn in Lukas 15. Wenn er etwas aus seinem Leben machen wollte, dann musste er sich schnell zusammenreißen. Reinen Tisch mit Gott zu machen wie auch die christlichen Werte seiner Eltern wertzuschätzen und auch wieder ins eigene Leben und Verhalten zu integrieren, war eine Hilfe dabei, und das hat er irgendwann eingesehen.

Die Berichte von Elke und Simon, aber auch viele ganz ähnliche Geschichten aus dem wahren Leben, lehrten mich noch etwas Zusätzliches:

Selbstzufriedenheit darüber, dass man gläubige Kinder hat, ist nie angemessen. Wirklich: Nie!

Dass wir dankbar sind für diese Gnade – klar, das soll sein, das muss sein. Der Umkehrschluss, dass ungläubige Kinder die Abwesenheit von Gnade bedeuten, ist aber fehl am Platz. Vielleicht ist die Gnade, in Verzweiflung und Ratlosigkeit *trotzdem* an Gott festzuhalten, sogar die noch weit größere Gnade. (Wiewohl das Wort «Dennoch» sowieso eine ganz, ganz große Bedeutung hat in der Bibel. Über dieses eine klitzekleine Wörtchen gab es schon ganze Predigt-Zyklen, die sich über Monate erstreckten und jeweils eine unglaubliche Tiefe im Verständnis von Gottes Handeln und Wirken erzeugten. Man denke beispielsweise nur schon an das Gebet in Psalm 73,23, das schon vielen Eltern von pubertierenden Kindern enorm geholfen hat: *«Dennoch bleibe ich stets an dir; denn du hältst mich bei meiner rechten Hand.»*)

In keinem einzigen Bereich des Lebens gibt es irgendeinen Grund, groß anzugeben und zu prahlen, wenn etwas sehr gut läuft und mit einem Mal fast alle Faktoren stimmen und zueinander passen. Denn es kann sich jederzeit etwas ändern; der Wind kann sich drehen, unerwartete Ereignisse treten ein, und alles ist plötzlich ganz anders.

Mein eigener Vater war überschwänglich stolz darauf, dass all seine Enkelkinder Christen waren und sich in ihren Gemeinden aktiv engagierten. Diese Freude gönnte ich ihm, schließlich war sie unter anderem auch seinem guten Einfluss zu verdanken. Nicht so toll fand ich die Unbeholfenheit, mit der er seine Bekannten und Freunde offen fragte: «Und *eure* Kinder und Enkelkinder, sind sie gläubig?» Er genoss sichtlich seine Überlegenheit, wenn diese Frage mit einem verlegenen «Nein» beantwortet wurde. Diskret war er nicht, feinfühlig schon gar nicht. Irgendwann hörte ich auf, ihn dafür zu «schelten», und schrieb seine Tollpatschigkeit zunehmenden Alterserscheinungen zu.

5

Spagat zwischen zwei Welten

Meine Bekannte Ursula, die ich einmal auf einer Frauenfreizeit traf, erzählte, wie sie damit umging, als ihre einzige Tochter kein Interesse mehr an Kirche und Glauben zeigte. Die Enttäuschung saß tief. Ihren Rat hätte ich gerne an die verzweifelten Mütter bei dem Frauentag weitergegeben, von denen ich im vorherigen Kapitel berichtete. An Ursulas Haltung bewunderte ich, wie mutig sie trotz der Abkehr der Tochter an den christlichen Grundsätzen festhielt, nach denen sie selber lebt. Interessant ist, dass ihre Tochter der Mutter dafür Respekt zollte.

Hier Ursulas Antworten, als ich sie fragte, wie sie damit umging, als klar wurde, dass ihre Tochter ihre Bibel weggepackt hatte und nicht mehr in die Kirche mitgehen wollte.

Ich nehme für christliche Werte auch Konflikte in Kauf, weil Jesus uns in seinem Wort einen guten Weg weist, auf dem wir bewahrt bleiben, Orientierung finden und unsere Seele keinen Schaden nimmt.

Es ist nicht gut, die Wegweiser umzustellen, wenn ein Kind sich verirrt hat.

Es ist wichtig, Kindern Grenzen aufzuzeigen und nicht angepasst und harmonieheischend zu sein. Das ist oft eine Gratwanderung, besonders wenn der Partner den Glauben nicht teilt und eine andere Einstellung vertritt.

Bei uns waren dies wichtige Regeln:

Wir gehen respektvoll miteinander um, auch wenn wir uns ärgern über den anderen.

Unser Handeln hat Konsequenzen, für die wir selbst verantwortlich sind.

Als unsere Tochter ganz andere Wege ging, weit weg von Gottes Wort und den christlichen Werten, machte es uns sehr traurig. Wir haben unsere Position trotzdem gehalten, was sie auch erwartet und akzeptiert hat. Wenn sie uns zu Hause besucht und bei uns übernachtet, gelten unsere elterlichen Regeln. Das akzeptiert sie.

Mir helfen der Austausch mit anderen Gläubigen und das gemeinsame Gebet sehr. So wird die Tochter betend immer wieder zu Jesus gebracht und ihm anvertraut. Er kann sie auf den rechten Weg bringen und ihr helfen, ihre falschen Entscheidungen zu überdenken.

Mein Rat an Eltern, die Ähnliches erleben:

Den Kindern Liebe zeigen, aber standhaft bleiben und mit anderen Eltern das Gespräch suchen, gemeinsam beten.

Zwei Trugschlüsse und das Tabuthema Sex

Ursula macht in ihrem Bericht Anspielungen auf gewisse Reaktionen, die für Eltern typisch sind, welche von den Entscheidungen ihrer Kinder enttäuscht sind. Diese Reaktionen hören sich meistens etwa so an:

«Es gibt viele Wege, die zu Gott führen.» – «Christsein geht doch auch ohne Gemeinde; man kann Gott auch im Wald begegnen.» – «Er glaubt schon noch an Gott, aber eben anders. Was ist da so schlimm?» – «Er hat in der Gemeinde halt keine Freunde gefunden.» – «Der Jugendleiter war eben überhaupt nicht sein Typ ...» – «Ihr seht das alles viel zu eng. Jungen Leuten kann man heute solche altmodischen Prinzipien nicht mehr zumuten.» – «Ich will nicht, dass meine Kinder in den gleichen Zwängen leben, mit denen ich erzogen wurde.»

Manch ein sogenannt «progressiver Trend» unter modernen Christen ist die «Heimzahlung» an die eigenen Eltern oder an die Gemeinde für eine Kindheit, die man in der Rückschau als nachhaltig streng und furchtbar einengend empfindet.

Einfach mitzuziehen, wenn die Kinder andere Wege gehen, ist der Weg des geringsten Widerstands: Man definiert biblische Werte um, und man höhlt Gottes Gebote aus, um den Freiheitsdrang der Kinder irgendwie in der eigenen Theologie unterzubringen. Und natürlich sind auch immer *die anderen* schuld – allen voran die Gemeinden. Neoliberale Ideologien, die neuerdings auch die evangelikale Szene in der westlichen

Welt durchfluten, beschleunigen die schleichende Anbiederung gegenüber dem Zeitgeist. Das Motto lautet: «Alle sollen und dürfen so leben, wie sie wollen, und können es trotzdem ‹christlich› – ja, sogar ‹biblisch› – nennen.»

Dieser Trend macht aus jenen Familien leichte Beute, denen die natürliche Rebellion der Teenager ohnehin schon Mühe macht.

«Heutzutage kannst du nicht erwarten, dass Jugendliche bis zur Ehe warten, bevor sie Sex haben», sagte mir einmal eine Freundin. «Wir leben doch in anderen Zeiten; die Jahre des Studiums ziehen sich in die Länge, es gibt die Pille, also keine Gefahr einer Schwangerschaft – warum sollen sie nicht ihren Spaß haben und ihre Erfahrungen machen?» – Als ich es wagte, einzuwenden, dass man doch auch als Student bzw. Studentin heiraten kann, schaute sie mich an, als ob ich von Sinnen sei.

Ein Mann, eine Frau, ein Versprechen, ein Ring, ein Leben lang – das ist in der heutigen Zeit ein unerhörter Fünfklang, schon fast ein No-Go. Sex ist eine Ware. Man konsumiert sie. Wie Nahrung und Flüssigkeit. Man kommt ohne sie nicht aus. Aus dem zerbrechlichsten, kostbarsten Geschenk, das Gott der Menschheit gegeben hat, ist ein «Bitte bedien dich»-Laden geworden, und Jugendliche werden rund um die Uhr mit bunten, schrillen Verlockungen überrollt, die diese Message untermauern und bei jedem Blick auf einen PC-Bildschirm den Puls rasen lassen.

Wie soll da ein moderner junger Mensch irgendwelchen moralischen Grundsätzen treu bleiben und sogar noch auf den Geschmack einer lebenslangen Ehe mit einem einzigen Partner, einer einzigen Partnerin kommen? Heute gehört ganz schön viel Entschlossenheit dazu, der biblischen Aufforderung zur Abstinenz vor der Ehe und zur Treue nach der Heirat zu gehorchen. Bei Jugendlichen, die nicht fest im Wort Gottes gegründet sind und im Vorfeld schon keine klaren Vorfahrts- und Verhaltensregeln vermittelt bekommen haben, zeigt sich die geistliche und moralische Beliebigkeit häufig als Erstes im sexuellen Bereich.

«Sie ist zu ihrem Freund gezogen.» – Diesen Satz höre ich oft, ausgesprochen mit einer Spur von Resignation in der Stimme und begleitet von einem Achselzucken. Darauf folgen die Rechtfertigungen und Ausreden.

Es gibt auch Eltern, die auf der anderen Seite vom Pferd fallen, plötzlich enorm an sich zweifeln und sich als Totalversager sehen. Der Anblick von mustergültigen christlichen Familien, die gekämmt, höflich, strahlend und mit der Bibel unter dem Arm gemeinsam in den Gemeindesaal hineinspazieren und deren Jugendliche darüber hinaus am Mischpult oder in der Musik oder in der Kinderkirche auch gleich noch aktiv mitarbeiten – das tut einfach weh und erinnert permanent an das eigene gefühlte Scheitern.

Solche Eltern würde ich gerne mit Elke in Verbindung bringen, damit sie hören, dass gute Elternschaft nichts mit dem Image der Familie zu tun hat, sondern mit der Reaktion der Eltern, gerade wenn Dinge aus der Bahn geraten – und erst recht in Zeiten der Verzweiflung und Ratlosigkeit.

Meine lieben, aber verzweifelten Muttis auf jenem Frauentag damals hätte ich gerne länger bei mir behalten und sie erst dann wieder nach Hause geschickt, wenn sie mir versprochen hätten, ihr Lachen mit nach Hause und zurück in den Alltag zu nehmen.

Gerne hätte ich den Ladies auch geholfen, das ABC des eigenen Glaubens an Jesus noch einmal ganz neu zu entdecken. Sich an das zu erinnern, was es bedeutet, sich von Gott bedingungslos geliebt zu wissen und durch den Tod Jesu für Zeit und Ewigkeit gerettet, in diesem Leben und darüber hinaus getragen, geschützt und geliebt zu sein. Und zwar ganz egal, welche Hindernisse und Widrigkeiten auch immer das Leben mit sich bringen kann und wird.

Junge Eltern ermutige ich gerne, keine Kosten zu scheuen, um ihre Kleinen von früh auf in einer fröhlichen, gewinnenden geistlichen Atmosphäre groß werden zu lassen, damit sie gute Gründe haben, ihr Glück bei Gott und nicht in der Welt zu suchen.

Ältere Elternpaare ermutige ich, das Schicksal der erwachsenen Kinder in Gottes Hand zu legen, Sorgen und Selbstvorwürfe abzuwerfen, das eigene Leben und das eigene Dienen attraktiv und freudig zu gestalten und sich der Aufgabe zu widmen, das Reich Gottes zu bauen und andere für das Evangelium zu gewinnen.

Die Dynamik der eigenen Gottesbeziehung darf nie vom Verhalten meiner Mitmenschen abhängig sein, auch nicht von der eigenen Familie.

Wenn es Wege gibt, wie wir als Eltern wieder interessant werden für Kinder, die sich gegen unseren Glaubensweg entschieden haben, und wenn es Wege gibt, bei ihnen den «Appetit» auf Gott und auf eine von Liebe und Vertrauen geprägte Gottesbeziehung erneut oder vielleicht auch zum allerersten Mal zu wecken – dann ist der eben beschriebene Weg gewiss einer der empfehlenswertesten.

6

Licht unter der Türschwelle: Umkehr erwarten

Lieben. Beten. Ringen. Hoffen.

Mütter und Väter, die sich nicht damit abfinden wollen, dass ihre Kinder Gott bzw. seinen ewiggültigen Lebensordnungen den Rücken kehren, brauchen oft einen langen Atem. Gleichzeitig zeigen viele Biografien und Lebensberichte, welch segensreichen Einfluss Mütter und Väter haben, die im anhaltenden Gebet um die Umkehr ihrer Kinder ringen. Nicht wenige dieser «abgedrifteten» Söhne und Töchter landen Jahre später in einem vollzeitlichen Dienst und engagieren sich mit Herzblut dafür, dass andere «Verlorene» den Heimweg zum himmlischen Vater finden können. Ihren Erlebnisberichten zuzuhören macht Mut, gegen alle Befürchtungen und Prognosen zu hoffen, dass Gott auch auf krummen Linien gerade schreiben kann und will.

Daniel, Pastor einer Schweizer Freikirche und Vater von drei erwachsenen Kindern, erzählt:

In meiner Jugendzeit, wenn ich abends vom «Ausgang» nach Hause kam und die von meinen Eltern vorgegebene Zeit weit überschritten war, schlich ich immer auf Zehenspitzen am Schlafzimmer meiner Eltern vorbei in mein Zimmer. Jedes

Mal schimmerte in diesen Momenten Licht unter der Türschwelle des Elternzimmers durch, das erst gelöscht wurde, wenn ich die Schwelle meines eigenen Zimmers erreicht hatte.

Es gab keinen Abend, an dem das Licht bereits aus gewesen wäre, wenn ich unser Haus betrat. Ich wusste nur zu gut, was meine Mutter und mein Vater jeweils in ihrem Zimmer taten, während sie auf meine Rückkehr warteten. Es ärgerte und beschämte mich, zu wissen: «Meine Eltern beten für ihre Kinder, sie beten für mich, obwohl ich Dinge tue, die sie ablehnen, und längst nicht mehr dem entspreche, was sie unter einem gehorsamen Sohn verstehen.»

Mein Vater und meine Mutter waren sich bewusst, dass sie mich nicht zur Umkehr zwingen konnten, aber sie wussten auch um die Kraft des anhaltenden Gebets. Ein Freund von mir erlebte mit seinen Kindern Ähnliches, wie meine Eltern es mit mir durchgemacht hatten. Sehr ehrlich und bewegend erzählte er mir:

Als meine Kinder im Jugendalter waren und teilweise eigene Wege gingen, habe ich Gott immer wieder bei seinen Verheißungen gepackt und ihm gesagt: «Gott, wir haben je einzeln und dann als Ehepaar einen Bund mit dir geschlossen, und du hast versprochen, dass auch die Kinder deiner Bundespartner gesegnet sind. Ich nehme dich beim Wort, ich berufe mich auf diesen Bund und auf deine Versprechen!»

Diese Worte meines Freundes ermutigten mich und meine Frau, dasselbe bei unseren eigenen Kindern zu tun und in herausfordernden Zeiten daran festzuhalten, dass Gott unsere Kinder auch da nicht loslässt, wo wir keinen Zugang oder keinen Einfluss mehr haben.

7

Unser Sohn ist eine Transfrau

Transgender boomt, die Zahl junger Menschen, die erklären, im falschen Körper zu stecken, steigt seit einigen Jahren explosionsartig an. Immer mehr Väter und Mütter sind mit der Tatsache konfrontiert, dass Söhne oder Töchter sich für Hormontherapien oder Operationen mit teilweise unwiderruflichen Auswirkungen entscheiden. Wie gehen Eltern etwa damit um, dass ihr Sohn eine Frau sein will und von ihnen verlangt, konsequent als Tochter angesprochen zu werden?

Sara und Thomas Z. sind seit knapp dreißig Jahren verheiratet und Eltern mehrerer Kinder. Als eines von ihnen sie am Ende der Pubertät vor die Tatsache stellte, dass es sein Geschlecht wechseln will, steht ihre Welt für eine Zeitlang kopf. Im nachfolgenden Interview gibt das Ehepaar Einblick in den Balanceakt, zum eigenen Empfinden zu stehen und doch – weit über alles Trennende oder Verwirrende hinaus – die Beziehung zu pflegen und bedingungslos zu lieben.

Interview mit Sara und Thomas Z.

Sara und Thomas, habt ihr aufgrund irgendwelcher Anzeichen damit gerechnet, irgendwann vor der Situation zu stehen, die Eltern einer Transfrau zu sein?

Sara: Nein, gar nicht. Der einzige Moment, wo ich eine innere Irritation spürte, war, als unser Sohn sich mit 17 Jahren Gesichtspuder aufgelegt hatte. Ich reagierte überrascht und fragte: «Was machst du?» – Er erklärte: «Ich habe unreine Haut.» Ansonsten hatte ich im Vorfeld eigentlich nichts gemerkt, das mich irgendwie verunsichert hätte.

Thomas: Erwartet hatte ich es nicht, nein. Was bei Ben immer etwas speziell war, ist, dass er von seiner Persönlichkeit her schon immer eher herausfordernd war. Unter anderem verhielt er sich oft sehr verbissen oder stur. Er besuchte während einiger Zeit eine Kleinklasse, und wenn er am Montag wieder zur Schule gehen sollte, hielt er hartnäckig daran fest, es sei noch Wochenende und er gehe nicht zum Unterricht. Alle Erklärungen halfen nichts, er brachte uns als Eltern mit seiner Sturheit oft zur Weißglut. Recht früh ließen wir ihn abklären, und es wurde bei ihm unter anderem ADS diagnostiziert, ein Aufmerksamkeitsdefizit-Syndrom. Aber auf eine Geschlechtsdysphorie wies aus unserer Sicht eigentlich nichts hin.

Sara: Das Ganze kam für uns wirklich sehr überraschend: An einem Tag äußerte Ben plötzlich, er habe das Gefühl, er sei im falschen Körper. Wir fragten: «Wie kommst du darauf?», und er meinte, das sei schon länger in ihm drin. Wir als Eltern hatten davon bis zu diesem Zeitpunkt nichts gemerkt. Aufgrund dessen, dass unser Sohn während einer längeren Phase nicht arbeitete, war er oft allein in seinem Zimmer und hielt sich dabei häufig auf Internetplattformen auf. Psychisch ging es ihm in dieser Zeit nicht gut, er erlebte eine tiefe Identitätskrise und kämpfte mit dem Drang, sich selbst zu verletzen. Unser Sohn setzte sich im Internet und am Fernsehen mit vielen Themen auseinander, auch mit dem Thema Transsexualität. Er chattete regelmäßig mit Leuten, unter anderem auch mit Personen aus der Transszene, die ihn darin bestärkten, dass ein Geschlechtswechsel für ihn die richtige Lösung sein könnte. Seine Selbstdiagnose – «Es geht mir nicht gut, weil ich im falschen Körper stecke. Eigentlich bin ich eine Frau» – wurde so unterstützt und verfestigte sich.

Was machte es mit euch, dass euer Sohn diesen Weg wählte?

Sara: Ich fühlte mich am Anfang stark provoziert. Dass unser Sohn seine Nägel wachsen ließ und sie lackierte, sich schminkte und seine Haare wachsen ließ, triggerte mich total. Seine innere Not nahm ich in dieser Phase gar nicht wirklich wahr; ich fühlte mich persönlich provoziert und angegriffen. Wir führten viele Diskussionen, und ich sagte oft zu Ben: «Gott macht doch keine Fehler. Du bist schön, du bist richtig, wie du bist; Gott hat dich als Mann geschaffen.» Ich machte meinem Sohn viele Komplimente und versuchte, ihn in seiner Identität zu stärken, doch all dies prallte irgendwie an ihm ab.

Thomas: Es war ein totaler Schock – als mein Sohn uns eröffnete, er wolle als Frau leben, nahm ich meine Jacke von der Garderobe und flüchtete in den Wald. Ich weinte und betete um Gottes Eingreifen. Ich bat Gott, Ben wieder von dieser Idee abzubringen. Das Ganze war für mich sehr emotional, ich konnte in diesem Moment überhaupt nicht umgehen mit all dem. Als ich mich etwas beruhigt hatte, schrieb ich unserem Sohn einen Brief. (Ich bin ein Mensch, der sich schriftlich oft besser ausdrücken kann als mündlich.) An seine Reaktion auf den Brief kann ich mich nicht mehr erinnern. Er nahm ihn wohl zur Kenntnis, blieb aber bei seiner Überzeugung. Mein Eindruck war, dass unsere Reaktionen zumindest ein Stück weit an ihm «abprallten» – wenn Ben sich für etwas entscheidet, dann bringt ihn nichts so leicht von seinem Vorhaben ab. Trans zu sein hat gegenwärtig ja durchaus auch einen «Gewinn», man erhält als Transperson zumindest in gewissen Kreisen viel Beachtung, Bestätigung und Aufmerksamkeit. Gleichzeitig ist es ein sehr schwerer Weg und eine Art Wechselbad: Auf der einen Seite wird man als etwas Besonderes gefeiert und bejubelt, auf der anderen Seite müssen Transmenschen mit der Irritation oder je nachdem auch mit der Abneigung ihrer Gegenüber umgehen können.

Warum könnt ihr Bens Geschlechtswechsel nicht gutheißen?

Sara: Wir glauben, dass Gott jeden von uns geschaffen hat und dass alles, was Gott erschafft, gut ist. Ich bin überzeugt, dass Gott keine Fehler macht und dass er Menschen nicht im falschen Körper erschaffen hat. Das wäre aus meiner Sicht total gegen Gottes Logik.

Thomas: Die Bibel sagt, dass Gott den Menschen als Mann und Frau geschaffen hat, nicht in vielen Geschlechtern. Dass er Menschen quasi beruft, Mann oder Frau zu sein. Auch rein biologisch gesehen gibt es nur zwei Geschlechter, die Frage des Geschlechts entscheidet sich im ersten Moment des menschlichen Lebens, beim Verschmelzen der Samenzelle mit der Eizelle. Zu sagen, das Geschlecht eines Menschen sei frei wählbar, widerspricht für mich schlicht und einfach den Fakten.

Sara: Obwohl unser Sohn immer wieder betonte, er sei gläubiger Christ, erlebte ich es so, dass er sich zunehmend weiter vom Glauben entfernte. Vieles in seiner Art zu leben stimmte irgendwie nicht mehr mit biblischen Werten überein. Er lebte mit Freundinnen zusammen und erklärte bei Gesprächen plötzlich, die Bibel stimme sowieso nicht, und überhaupt sei Gott Liebe und befürworte deshalb auch jede Liebe. Während er zu Beginn seinen Lebensstil biblisch zu legitimieren versuchte, hat er sich unterdessen stark in eine andere Richtung bewegt.

Wie reagierte euer Sohn auf euren Widerstand gegen seine Entscheidung?

Sara: Dass wir seinen Weg nicht mitgehen oder unterstützen konnten und wollten, stresste und verletzte Ben trotz seinem «harten Kopf» sehr. Kurz nach der ersten Ankündigung gab er uns seinen neuen Namen bekannt und pochte darauf, dass wir ihn unbedingt mit den richtigen Pronomen anzureden hätten. Nannten wir ihn bei seinem Geburtsnamen, war Feuer im Dach.

Thomas: Diese ganze Sache mit der Anrede war für uns sehr belastend, wir mussten als Eltern ständig überlegen: «Sage ich jetzt das Richtige? Wie drücke ich mich aus?» Gleichzeitig war da auch immer die Frage: «Will ich das denn überhaupt? Ich sehe unseren Sohn ja gar nicht als Frau; muss ich mich dieser Vorgabe jetzt wirklich beugen?» Als unser Sohn eine Zeitlang in stationärer psychiatrischer Behandlung war, hoffte ich, dass er seine tiefen Identitätskonflikte dort würde bearbeiten können und dadurch auch wieder ein Ja zu seinem Mann-Sein finden würde. Doch diese Hoffnung zerschlug sich. Die Selbstdiagnose «Geschlechtsdysphorie» wurde von Seiten der Klinik nicht hinterfragt.

Wie seid ihr mit dem Namenswechsel eures Sohnes umgegangen?

Sara: Ich nannte und nenne ihn zwar bei seinem neuen Wunschnamen, doch wenn ich über ihn spreche, nenne ich immer seinen Geburtsnamen. Eine Zeitlang versuchte er, mich dazu zu bringen, nur noch seinen Frauennamen zu verwenden. Doch das schaffe ich nicht. Er ist und bleibt mein Sohn; er war bei seiner Geburt perfekt für mich und wird es immer bleiben.

Thomas: Meine Strategie war zu Beginn eher, Ben gar nicht mehr mit Namen anzusprechen, sondern neutrale Formulierungen zu verwenden. Ihn mit einem Frauennamen anzusprechen, war für mich einfach nicht stimmig. Unterdessen kommt es in seltenen Fällen vor, dass ich seinen neuen Namen verwende.

Wie habt ihr das Dilemma gelöst, dass Ben von euch als Eltern etwas erwartete, das ihr nicht geben konntet oder wolltet?

Sara: Solange er bei uns wohnte, war es echt schwierig. Oft fühlten wir uns richtiggehend bevormundet. Wir merkten, dass das Ganze auch eine Art «Politikum» war, das von seiner Seite her total in den Vordergrund gestellt wurde und enorm viel Gewicht bekam. Das gefiel uns als Eltern überhaupt nicht. Trotz all dem versuchten wir immer, ihm zu zeigen, dass er von uns angenommen ist, dass er bei uns zu Hause ist und zu uns gehört. Was aber sehr schwierig war. Die Situation entspannte sich eigentlich erst wieder, als unser Sohn von zu Hause auszog.

Thomas: Es war für mich teilweise sehr hart und befremdend, Ben als Frau gekleidet zu sehen. Es gab Momente, wo wir uns als Eltern schmerzhaft vor den Kopf gestoßen oder sogar abgestoßen fühlten. Was natürlich totale innere Konflikte und Schuldgefühle auslöste, weil Ben doch unser geliebtes Kind ist, das wir annehmen und zu dem wir stehen wollen. Mit unserem als Frau gekleideten Sohn an Anlässe wie beispielsweise Familienfeiern zu gehen, löste bei mir teilweise eine tiefe Scham aus. Als Eltern in dieser Diskrepanz zwischen Liebe und Scham zu stecken, war oft ein extremer innerer Zerriss. Entlastend war für uns, dass unser Sohn einige Monate nach seinem Geschlechtswechsel von zu Hause auszog und wir dadurch nicht mehr ständig mit dieser für uns echt schwierigen Veränderung konfrontiert waren. Wie bei anderen Themen auch entlastet die räumliche Distanz vieles und kehren mit mehr räumlichem Abstand auch wieder mehr Ruhe und Entspanntheit ein. Ich lernte, abzugeben und Gott im Gebet mein Vertrauen auszusprechen, dass er «in control» ist und auch an unserem Sohn wirken und ihm Identität zusprechen kann. Ich muss loslassen; ich kann weder auf seine Meinung noch auf seine Identität einwirken.

Sara: In Bezug auf Bens äußere Veränderungen hatte ich deutlich weniger Probleme als Thomas. Scham über das Aussehen unseres Sohnes empfand ich als Mutter eigentlich nicht, und nachdem ich mich etwas an die Situation gewöhnt hatte, bereitete es mir auch keine Mühe, mit Ben zusammen Fotos zu machen und diese weiterzuschicken oder zu posten.

Welche Themen und Fragen beschäftigten euch nach Bens Ankündigung?

Sara: Als Mutter machte ich mir zu Beginn viele Vorwürfe, und Fragen wie «Was habe ich falsch gemacht?» nahmen viel Raum ein. Im Ganzen war ich schockiert, wie schnell es zu diesem Wechsel von Mann zu Frau kam. Ben besuchte zuerst eine christliche Beratungsstelle, doch diese wies ihn an eine andere Stelle weiter, die ihm dann – so fühlte es sich zumindest für mich an – den Stempel «transsexuell» aufdrückte. Ab diesem Zeitpunkt ging es dann sehr schnell, und unser Sohn begann mit einer Hormontherapie. Warum nicht mehr Zeit in eine psychologische Begleitung oder Psychotherapie investiert wurde, ist für uns schwer nachvollziehbar. Möglicherweise zeigte sich Ben während der Therapie-Sitzungen sehr entschlossen, eine Transition zu vollziehen. Über seine wahren Gefühle oder seine Probleme zu sprechen fiel ihm, wie er selbst erklärte, damals sehr schwer. Als Mutter erlebte ich ihn in der Anfangsphase seiner Transition als überhaupt nicht mehr «er selbst», Ben versteckte seine echten Empfindungen hinter einer Art «Lackfassade». Er zeigte sich fast schon über-enthusiastisch und sprach mit übertrieben hoher Stimme, was für uns als Eltern teilweise sehr schwer auszuhalten war.

Thomas: Eine wichtige Erkenntnis war für mich in der ersten Zeit nach Bens Ankündigung, dass es nichts bringt, ständig mit unserem Sohn über die Trans-Thematik zu sprechen, weil dies die Fronten auf beiden Seiten nur verhärtet.

Wie erlebt ihr Gott in dieser ganzen Situation? Und wie die Gemeinde, zu der ihr gehört?

Thomas: Am Anfang, mitten im Schock und in der Verzweiflung drin, belastete das Ganze meine Gottesbeziehung schon. «Warum wir? Ich und mein Haus, wir dienen dir, wollen dir nachfolgen … Warum lässt du das zu, warum machst du nichts?» waren Fragen, die mich umtrieben. Oder auch das Gefühl: «Ich halte das nicht aus.» Mit der Zeit kam wieder mehr Gelassenheit ins Ganze. Es ist immer wieder mal eine Gratwanderung zwischen «Es ist mir egal, es geht mich nichts mehr an; mach doch, was du willst!» und dieser Gelassenheit, wo ich sagen kann: «Doch, es interessiert mich; ich will das Beste für mein Kind, aber es liegt nicht in meinen Händen, es zu verhindern.» Oft hat man ja den Druck: «Wir sind zuständig, wir müssen etwas machen, müssen handeln!», doch wenn die

Kinder erwachsen sind, bleibt uns oft nur das «Da-Sein» und «Da-Bleiben» und der Zuspruch: «Wir lieben dich, wir sind für dich da, egal, was du tust.»

Sara: Ich suchte mir fachliche Hilfe, und diese Fachperson sagte zu mir: «Sie haben Ihrem Kind so viel mitgegeben, das wird nicht verloren gehen. Sie haben Ihr Bestes gegeben, jetzt trägt Ihr Kind die Verantwortung für sein Leben.» Das tat mir gut und entlastete mich. – Und konkret zur Frage: Ich erlebte Gott als Tröster und habe von ihm viel Liebe empfangen. Vor zwei Wochen wurde mir beispielsweise der Bibelvers aus Psalm 46,10 «geschenkt»: «Seid still und erkennt, dass ich Gott bin.» Ich kann das Ganze inzwischen immer besser an Gott abgeben.

Wie reagierten die Leute aus eurem Umfeld auf Bens Transition?

Sara: Die Menschen in unserem Umfeld reagierten sehr unterschiedlich, es gab durchaus einige schwierige Situationen zu meistern. An einer Hochzeit, die wir als Familie besuchten, reagierten verschiedene Verwandte recht irritiert, was ja auch nachvollziehbar ist, weil viele von ihnen nicht über diese Veränderung informiert gewesen waren. Ich glaube, dass wir als Menschen automatisch unser Gegenüber zu «erkennen» und einzuordnen versuchen, weil Gott dies in uns hineingelegt hat. Und dass es – auch bei besten Absichten von beiden Seiten her – Irritation auslöst, wenn dieses «Erkennen» nicht eindeutig ist. Häufig ist ja auch die Person, die den Geschlechtswechsel vollzogen hat, verunsichert. Verschiedene Leute aus unserem Bekannten- oder Verwandtenkreis fanden, wir müssten die Entscheidung unseres Sohnes befürworten. Doch wir hatten als Ehepaar beide den Eindruck, dass wir unsere Werte beibehalten wollen. Gleichzeitig zeigte mir Gott, dass die Liebe über allem stehen muss, auch wenn mir der Weg unseres Sohnes nicht passt, weil ich nicht eine Tochter, sondern (m)einen Sohn (zurück)haben möchte. Unsere engsten christlichen Freunde unterstützen unsere Haltung, aber wir kennen auch Christen, die finden, wir müssten darauf eingehen und Bens Geschlechtswechsel unterstützen. Von solchen Personen habe ich mich eher distanziert und abgegrenzt, weil es für mich wichtig ist, daran festzuhalten, dass Gott Ben als Mann geschaffen hat. Ich glaube, dass wir alle nur dann echt glücklich werden, wenn wir in dem leben, was Gott in uns hineingelegt hat.

Thomas: Die Leute in meinem christlichen Freundeskreis, die Ben kennen und über die Situation informiert sind, reagierten überhaupt nicht schockiert oder im Stile von «Da muss man sofort etwas unternehmen!», sondern sie ermutigten mich und nehmen bis heute Anteil an unseren Herausforderungen und Nöten. Statt Diskussionen zu führen, fingen wir als Ehepaar und mit Freunden zusammen an, regelmäßig für unseren Sohn zu beten.

Seit Bens Outing sind einige Jahre verstrichen. Habt ihr den Eindruck, dass Ben eure Haltung seiner Transition gegenüber unterdessen versteht?

Sara: Mir gegenüber drückte er mehrmals aus, er sei enttäuscht von mir. Ein schwieriger Moment war, als Ben uns vor einigen Monaten mitteilte, dass er sich für eine chirurgische Geschlechts-Transition angemeldet hat. Dass ich ihm gegenüber ehrlich äußerte, dass ich diesen unwiderruflichen Schritt nicht unterstützen könne und wolle, führte dazu, dass er den Kontakt zu mir eine Zeitlang komplett abbrach. Dass wir seine Transition nicht aktiv unterstützen, wie Ben dies bei Leuten aus seinem Freundeskreis erlebt hat, empfindet er als Zurückweisung. Gleichzeitig war es ihm aber doch ein Anliegen, mich über seine Absichten zu informieren; es ist ihm wichtig, was ich denke. Wir haben eine tiefe Bindung zueinander. Ben weiß, dass er mir unendlich viel bedeutet.

Wie ging es euch als Eltern im Blick auf die geplante chirurgische Geschlechts-Transition eures Kindes?

Sara: Die Ankündigung dieser Operation löste in mir tiefe Ängste aus. Gleichzeitig stellte ich aber auch fest, dass ich mich durch das Gebet sehr stark mit Ben verbunden fühlte. Diese Verbundenheit hielt auch an, als unser Sohn – wie bereits erwähnt – eine Zeitlang den Kontakt mit mir verweigerte, weil ich bei Gesprächen versucht hatte, ihn von der Idee der geschlechtlichen Transition abzubringen. Ich bekam von Gott sehr viel Liebe für unseren Sohn und konnte ihm – sobald er dies wieder zuließ – von Herzen schreiben, er solle doch wieder mal vorbeikommen, weil ich ihn vermisse.

Thomas: Ich muss loslassen, weil Schmerz und Angst mich sonst überwältigen und ich dadurch überreagiere. Ich versuche immer wieder, das Ganze im Gebet an Gott abzugeben. Gott wird Ben weiterhin begleiten. Selbst wenn unser Sohn diesen Eingriff in die Ordnung seines Körpers tatsächlich macht, kann ihn dies nicht von der Liebe Gottes trennen. Ich bin überzeugt, dass Gott nochmals eine ganz andere Perspektive auf unser Kind hat. Er kennt sein Herz und sieht unseren Sohn so, wie er ihn geplant und geschaffen hat. Wenn wir Gott in diesem Prozess nicht an unserer Seite wüssten, wäre das sehr schwierig für uns.

Habt ihr den Eindruck, dass euer Sohn in seiner neuen Identität glücklicher ist als vorher?

Sara: Ich habe nicht den Eindruck, dass er glücklicher ist als früher, obwohl er selbst dies so kommuniziert. Erst kürzlich erklärte mir Ben, dass er wohl nie als «richtige» Frau wahrgenommen werde, weil die Leute eben doch merkten, dass er keine «geborene» Frau ist. Auch beziehungsmäßig ist das Ganze ja recht komplex. Eine Zeitlang lebte Ben als Transfrau mit einem Transmann zusammen, dann wieder datete er Männer. Sich zuzuordnen wird definitiv nicht einfacher. Meine Befürchtung im Blick auf die geplante Operation ist, dass es ihm, falls er merken sollte, dass die operative Transition nicht den gewünschten Effekt gebracht hat, schlechter geht als vor der Operation. Laut Studien ist die Suizidalitätsrate bei Transpersonen ja sehr hoch, und viele kämpfen ein Leben lang mit starken Schmerzen, Operationskomplikationen und weiteren Nebenwirkungen. Zudem wird unser Sohn durch diese Operation unfruchtbar werden, und es ist unsicher, ob er mit diesen künstlich hergestellten Geschlechtsorganen noch im gleichen Maße sexuelle Lust empfinden und genießen können wird. All diese Nebenwirkungen möchte ich meinem Kind, das ich von Herzen liebe und dem ich nur das Beste wünsche, natürlich ersparen.

Was hilft und trägt euch als Eltern in dieser herausfordernden Phase?

Sara: Ich bin sehr dankbar, dass Ben uns als Eltern akzeptiert und dass unsere Verbindung nicht dauerhaft abgebrochen ist. Dass unser Sohn uns immer wieder mal besucht und wir Wertschätzung und Liebe füreinander empfinden, ist mir sehr kostbar.

Ihr habt mehrere, unterdessen erwachsene Kinder. Wie gehen die Geschwister von Ben mit dieser Situation um?

Sara: Unsere Kinder gehen total unterschiedlich mit Bens Transition um. Ein Teil von Bens Geschwistern äußerte ihm gegenüber ehrlich, er sei aus ihrer Sicht auf einem komplett falschen Weg. Sie weigerten sich, ihn bei seinem neuen Namen zu nennen, und versuchen bis heute, Namen und Pronomen möglichst zu «umschiffen». Andere Geschwister von Ben empfanden es von Anfang an als klar und als eine Frage des Respekts, den neuen Namen und die weiblichen Formen zu verwenden.

Was ratet ihr Eltern, die Ähnliches erleben?

Sara: Ich würde heute versuchen, mehr von meinem Kind her fühlen zu können und seinen Schmerz über diese innere Zerrissenheit nachzuempfinden. Ich würde meinen Sohn weniger von außen sehen wollen und davon provoziert werden, sondern versuchen, tiefer zu verstehen, wie *er* seine Situation erlebt. Ich empfehle betroffenen Müttern und Vätern, unbeirrt an Gottes Wort und an Gottes Güte, aber auch bedingungslos an der Bindung und der Liebe zum Kind festzuhalten. Innerlich hart oder ablehnend sein könnte ich Ben gegenüber nicht, weil ich dann den Eindruck hätte, mein Kind zu verlieren. Ich glaube, dass ich letztlich nur die Kraft habe, meinem Sohn gegenüber an meinen Werten und Überzeugungen festzuhalten, weil ich ihn so sehr liebe.

Thomas: Ich würde betroffenen Eltern raten, sich nicht in Selbstanklagen zu verlieren. Natürlich kann man Dinge besser machen. Es gibt keine perfekten Eltern, und es gab von unserer Seite her gewiss Erziehungsfehler – aber es bringt nichts, Hypothesen durchzuspielen und sich im «Hätten wir doch, wären wir nur» zu verlieren. Zum einen, weil dieses Denken einen runterzieht, und zum anderen, weil es im Jetzt und Heute blockiert. Letztlich ist es unmöglich, eindeutig zu sagen, wie sich unsere Kinder entwickelt hätten, wenn wir anders erzogen hätten oder wenn Dinge idealer gelaufen wären.

Sara: Es ist sicher hilfreich, sich mit dem Thema Gender-Dysphorie auseinanderzusetzen und Artikel oder Bücher darüber zu lesen. Auch eine geeignete, auf biblischen Werten fundierte Beratung kann hilfreich sein. Ebenfalls empfehlenswert ist es sicher, mit Eltern zu sprechen, die Ähnliches erleben und einen biblischen Weg in dieser Frage suchen und gehen. Als stärkend und ermutigend erlebe ich das gemeinsame Gebet mit Freunden, aber auch das Gebet als Familie. Wir trafen und treffen uns immer wieder mal mit einem Teil unserer Kinder, um für Ben und seinen Weg zu beten. Das gibt uns viel Kraft und hat unsere Verbundenheit miteinander sehr vertieft. Unser gemeinsames Gebet ist, dass Ben wieder in eine innige Beziehung mit Jesus hineinfinden darf. Dies nicht zuletzt, weil wir überzeugt sind, dass da, wo wir Gott und seine Liebe zu uns ganz persönlich tiefer erkennen, auch unsere innere Identität an Festigkeit und Sicherheit zunimmt.

Thomas: Dass Gott der perfekte Vater ist und seine Annahme, Liebe und Geduld weit über meine Möglichkeiten hinausgehen, empfinde ich als große Entlastung. Er hat noch andere Mittel und Wege als wir und geht uns Menschen nach wie der gute Hirte, von dem Jesus im Gleichnis spricht.

8

Nicht zustimmen und dennoch lieben

Von Bäumen und fallenden Äpfeln

Welche Eltern freuen sich nicht, wenn «der Apfel nicht weit vom Baum fällt» – zumindest, wenn es um positive Interessen und Eigenschaften geht! Ich zum Beispiel sammelte als Kind Briefmarken, weil mein Vater Briefmarken sammelte. Ich wurde nie gefragt, ob ich Lust dazu hatte. Aber ich hatte Lust, weil mein Vater es mit Freude machte.

In unserer Gemeinde gibt es ganze Familien, die bei den «Royal Rangern» (den christlichen Pfadfindern) sind. Ihre Kinder heiraten andere Pfadfinder, und deren Kinder bekommen auch in frühesten Jahren ihre erste Pfadfinder-Kluft. Ski fahrende Eltern haben meistens Ski fahrende Kinder. Wir kennen Familien, in denen alle Familienmitglieder ein Instrument spielen oder wunderbar singen können. Ich wollte gerne so eine Familie haben.

Und so träumte ich davon, wie die Trapps im Film «The Sound of Music» ein Familienorchester oder einen Kinderchor im Haus zu haben. Alle vier Kinder sollten Klavier lernen. Das wäre ein guter Anfang. Sie würden im Nu musikalische Basics beherrschen, danach könnten sie ein zweites Instrument ihrer

Wahl lernen. Alles war perfekt durchdacht. Das Problem war, dass unsere beiden Jungs kein bisschen Interesse an Musik hatten. Sie waren Sportler. Meine Versuche, aus ihnen musikalische Genies zu machen, scheiterten, und ich gab frustriert auf. Ein Sohn fand die Klaviertastatur ideal als Parkplatz für seine Spielautos, der andere saß mit verschränkten Armen vor dem Klavier und starrte mit grimmigem Blick auf die Tasten, als ob er am liebsten auf sie einschlagen wollte.

Jahre später haben wir in der Tat vier musikalische Kinder. Zwei Töchter, die sich brav anpassten und Klavier lernten, und zwei Söhne, die eine eigene Spur fanden. Einer wurde Sänger, der andere Sound Engineer, Schlagzeuger und Gitarrist. Unser Familienorchester ergab sich aber nicht. Die Instrumente passten nicht zusammen, und unsere Persönlichkeiten noch weniger. Aber auch wenn meine Eitelkeit nicht bedient wurde, fand jedes Kind in der Gemeinde seinen musikalischen Platz. Und zu meinem Erstaunen konnten beide Söhne irgendwann recht ordentlich eine Melodie auf der Klaviertastatur finden und spielen – sie haben es sich selber beigebracht.

Das brachte mich zur Erkenntnis: Manchmal reicht es, wenn wir Eltern unseren Kindern einfach aus dem Weg bleiben und sie die Dinge auf ihre Weise machen lassen.

Das Kind soll sich so entwickeln, wie es sich entwickeln soll, nicht gemäß den Vorstellungen und Ambitionen seiner Eltern. Meine Liebe muss bedingungslos sein, ob ich dem Weg meines

Kindes zustimme oder nicht: *«Erziehe den Knaben seinem Weg gemäß»* (Sprüche 22,6).

Klar: Im Bereich von Hobbys und Begabungen ist dies leichter als im geistlichen Bereich, in dem es für ernsthafte Christen wirklich um ein Schicksal mit Ewigkeits-Dimensionen geht. Ich bin aber überzeugt, dass auch im geistlichen Bereich der Apfel gute Chancen hat, irgendwann, irgendwie, irgendwo in Baum-Nähe zu landen, auch wenn es Zeit braucht und ein paar Umwege beinhalten wird. Wichtig ist, dass wir unsere Ruhe bewahren, das Kind unbeirrt weiter annehmen und lieben und dem Entwicklungsprozess Zeit lassen.

Ein junger Rebell startete einmal einen Aufstand gegen alle Autoritätspersonen in seinem Leben. Er fing mit seinen Eltern an und gab ihnen die Schuld für seine schlechten Schulleistungen – wie überhaupt für alles, was in seinem Leben schiefgelaufen war. Als es in der Ehe seiner Eltern kriselte, musste seine Gemeinde – eine Freikirche – als Sündenbock herhalten. Seine Eltern feuerten ihn dabei an, verließen mit ihrem Sohn zusammen die Gemeinde und ließen sich schließlich scheiden. Der Pastor, genauso wie auch christliche Freunde der Familie, boten Hilfe und Gespräche an, vermittelten auch Tipps, in welchen anderen Gemeinden der Junge sich vielleicht wohler fühlen könnte. Der zornige Kerl aber wies jeden Versuch, ihn durch seine Krise zu begleiten, genervt ab, zog weg und brach den Kontakt zu seiner Gemeinde komplett ab.

Viele Jahre später tauchte er im Gottesdienst der Gemeinde wieder auf, inzwischen ein glatzköpfiger Mittdreißiger, und suchte das Gespräch mit dem Pastor. Er entschuldigte sich für sein damaliges wüstes Verhalten und erzählte, dass er sich mit seinem Glauben wieder versöhnt habe und inzwischen katholischer Priester sei. Der Pastor fiel fast vom Stuhl. Der frühere Querschläger erinnerte ihn schmunzelnd daran, dass seine Eltern vor ihrer freikirchlichen Zeit Katholiken gewesen waren. Der Apfel war also irgendwie doch wieder unterm ursprünglichen Baum gelandet …

Ein junger Vater schrieb mich vor kurzem an, ob ich ihm helfen könnte, sein Kind für jene christliche Schule anzumelden, in der er früher mein Schüler gewesen war. Ich wies ihn auf das Anmeldeverfahren hin, das auf der Homepage der Schule zu finden ist, und ermutigte ihn, es zu versuchen. Mit einem leichten Schmunzeln dachte ich an seine eigene Vergangenheit zurück. Nach einer «braven» und angepassten christlichen Kindheit und einer Laufbahn als Musterschüler endete seine Jugendzeit in einer wilden Spätpubertät. Süchte, Drogen, Frauengeschichten, das ganze Programm. Er brach seiner alleinerziehenden Mutter das Herz. Schließlich konnte er sich mit der Hilfe einer tollen Partnerin wieder fangen, heiratete diese und wollte nun für seine Kinder die «guten alten Wege» neu entdecken. Ich habe mich für die Mutter unendlich gefreut, für die dieser Sohn nach dem Tod seines Vaters ihr Ein und Alles war. Sie hatte ihre Hoffnung auf eine positive Entwicklung im Leben ihres Sohnemanns in all den Jahren nie aufgegeben.

Es ist nie zu spät für eine Punktlandung in der Nähe vom Baum, und die Wahrscheinlichkeit ist ziemlich hoch, dass sie irgendwann in irgendeiner Form geschieht.

Trotzdem in Liebe festhalten

Das ist auch die Hoffnung meiner Freunde Klaus und Marianne: liebevolle, bemühte Eltern, drei Kinder, zwei gehen schnurgerade auf dem Glaubensweg, den ihre Eltern gehen.

Sohn Martin aber will damit nichts zu tun haben. Marianne und Klaus gehen sachlich und nüchtern mit dieser Herausforderung um. Sie wollen die Chancen optimieren, dass Martin sich eines Tages wieder anders entscheidet, und sorgen aktiv dafür, dass er sich in der Familie nicht ausgegrenzt fühlt. Sie sind für viele Eltern in ähnlichen Situationen ein Vorbild und eine Ermutigung.

Ihr Ziel: Gar nicht erst Spannungsfelder entstehen lassen. Familie ist Familie. Kinder werden bedingungslos bejaht und geliebt, egal, welche Wege sie gehen.

Ihre Erziehungsphilosophie: «Unsere Kinder bleiben unsere Kinder, ob sie unseren Glauben übernehmen oder nicht. Wir erzählen gleichermaßen offen und auch voller Stolz über die Errungenschaften und Lebenspläne *aller* Kinder. Gleichzeitig vermitteln wir unseren Kindern ohne Wenn und Aber unser

Anliegen, dass sie die Hilfe und den Rat Gottes in ihrer Lebensführung aktiv suchen sollen.»

Klaus und Marianne, bitte erzählt uns: Was seid ihr für eine Family gewesen?

Als unsere Kinder klein waren, machten wir alles, was für christliche Eltern zum Standardprogramm gehört. Die Kinderkirche wurde verbindlich besucht, auch die Jungschar, die Kinderbibelwochen und Gottesdienste. Wir pflegten Beziehungen zu anderen christlichen Eltern und sorgten dafür, dass die Kinder immer «mit im Boot» waren. Es fiel uns nicht einmal im Traum ein, dass unsere Kids jemals aus den klar vorgeschriebenen Lebensspuren ausbrechen könnten, und dachten, die Erziehung unserer Kinder in der Kirche wäre ein Selbstläufer.

Was hat Martin denn konkret nicht gefallen?

Da müssen wir ehrlich sagen: Unser Glaube damals war eher ein Traditions-Christsein, und wir setzten auf die «heile Welt» des Dorflebens, in dem Kinder generell behütet aufwachsen. Wir unterschätzten allerdings die Geschwindigkeit, mit der diese «heile Welt» auch außerhalb der Großstädte auseinander bröckelt. Unser Erziehungsstil war eher locker. Über Themen wie Sexualität und Beziehungen wurde jedoch nicht offen geredet. Als Martin sich immer mehr aus dem kirchlichen Programm ausklinkte, das wir vorgelebt hatten, waren wir zunächst traurig, enttäuscht und verletzt. Auf diese Entwicklung waren wir überhaupt nicht vorbereitet.

Wie habt ihr daraufhin reagiert?

Wir sorgten fleißig dafür, dass unser Sohn nicht das Gefühl hatte, ausgegrenzt zu sein, nur weil er jetzt plötzlich von der bisherigen Familienroute abzweigen wollte. Seine Entscheidung aber einfach so hinnehmen, das wollten wir auch nicht. Also suchten wir das Gespräch, probierten ihn umzustimmen, luden ihn weiterhin zu Sonder-Events und Anlässen in der Gemeinde ein. Allerdings ohne auf sein Einlenken zu pochen oder unsere Ideen mit Druck durchzusetzen. Dafür war Martin zu alt; es wäre kontraproduktiv gewesen. So gingen wir fröhlich – aber zuweilen auch mit Tränen in den Augen – ohne ihn zum Gottesdienst.

Wie war die familiäre Atmosphäre bei euch zu Hause angesichts von Martins eigenen Wegen?

Uns einschüchtern zu lassen oder unseren Glauben aus Rücksicht auf ihn wegzupacken, sobald er anwesend war, wollten wir auf keinen Fall. Unsere Lobpreismusik wurde nicht ausgeschaltet, nur weil Martin den Raum betrat, und Gespräche über geistliche Dinge wurden auch nicht abgewürgt, nur um ihm die Verlegenheit zu ersparen. Innerhalb der Familie wurde weiterhin nach festen Prinzipien erzogen, abfälliges Reden oder Beleidigungen unter den Geschwistern wurde wie immer unterbunden. Martin musste auch unseren Lebensrhythmus nach wie vor respektieren – nichts wurde verbogen oder angepasst, nur um seinen neuen Lebensstil im Familienkalender unterzubringen. Ein Kind muss lebensfähig gemacht werden, unabhängig davon, was es glaubt oder nicht glaubt! Will heißen: Martin wurde genauso geliebt, erzogen und zurechtgewiesen wie seine Geschwister. Was das Verhalten und den Charakter betrifft, so haben wir zwischen gläubigen und ungläubigen Kindern ehrlich gesagt keine großen Unterschiede festgestellt. Manchmal waren unsere «frommen» Kinder sogar anstrengender und komplizierter als unser «unfrommes» Kind Martin!

«Welche Sparte ist noch frei?»

Klaus und Marianne blieben gelassen. Weil ihnen bewusst war: In jeder gesunden Familie suchen Teenager ihren ganz eigenen Lebensweg. Eine Ski fahrende Familie muss es akzeptieren, wenn der Nachwuchs seinen Ski-Anzug auf einmal auf «eBay» anbietet, sich stattdessen einem Fußballverein anschließt und sich nicht mehr an den Familienurlauben in den Bergen beteiligen will. Ebenso der Vater, seines Zeichens CDU-Vorstandsmitglied, wenn sein Sohn plötzlich für die Piratenpartei Werbung macht.

Ich kenne eine Familie, in der die Familienväter seit Generationen Rechtsanwälte waren. Für den jungen Max war der Weg also vorgezeichnet. Dass der Sohn irgendetwas anderes als Rechtsanwalt werden könnte, gab es nicht einmal als gedankliche Option, zumal er der einzige Sohn war. Der Vater fiel fast in Ohnmacht, als Max ihm eines Tages verkündete, er wolle Heilpraktiker werden!

Solche Geschichten gibt es zuhauf. Der junge Ludwig van Beethoven übte heimlich auf dem Dachboden Klavier, weil sein Vater ihm eine Karriere als Musiker verwehren wollte. Auch er sollte Rechtsanwalt werden.

Einen Vater kenne ich, der hartgesottener, überzeugter Pazifist ist und auf Demos konsequent gegen Kriege protestiert. Sein Sohn hat sich für eine Karriere bei der Bundeswehr entschieden. Die Eltern mussten ganz schön schlucken und Wege finden, wie sie ihrem Sohn trotzdem Stolz und Anerkennung zollen, auch wenn hier die Ideologien so weit auseinanderklaffen.

Gute Elternschaft ist die Fähigkeit, bedingungslos zum Kind zu stehen, egal, welche Lebenswege es wählt und geht. Es ist normal, dass das eine oder andere Kind – vor allem in einer großen Familie – die Sparte «belegen» will, die noch frei ist, und sich dann einen eigenen Weg bahnen, sich vom Rest absetzen und zu einer eigenen Identität finden möchte. Also will es dann Künstler werden statt Sportler, will für einmal genau das Gegenteil machen von dem, was alle anderen in der Familie tun – nicht immer aus innerer Überzeugung heraus, manchmal einfach aus Trotz. Solche Spannungen müssen Eltern aushalten.

Mein Mann und ich sind beide Akademiker. Unsere Kinder durften das ja nicht als Druck empfinden und sollten keinesfalls denken, sie müssten deswegen studieren. Unser Motto lautete: Es ist egal, was du machst; Hauptsache ist, du verdienst dein Geld auf ehrliche Weise, fällst keinem zur Last, auch nicht deinen Eltern, und lebst nicht auf Kosten anderer.

Meine Friseurin und ihr Mann führten ihr Friseurgeschäft in dritter Generation mit Herzblut und Leidenschaft. Beide kamen aus Friseurfamilien und hofften, dass ihre Tochter eines Tages den erfolgreichen Familienbetrieb übernehmen und in ihrem Sinne weiterführen würde. Jahrelang zeigte die Tochter kein Interesse am Beruf ihrer Eltern; sie machte Abitur, studierte Sozialwissenschaft und schlug einen anderen Weg ein, mit der vollen Zustimmung ihrer Eltern. Später entschied sie anders. Inzwischen ist sie auch Friseurin aus Leidenschaft und hat das Geschäft ihrer Eltern tatsächlich übernommen.

Loslassen ist wichtig – eigene Wünsche und Vorstellungen für das Kind beiseitelegen, aber das Kind als kostbare Person, als Geschenk Gottes trotzdem innerlich festhalten und diese Verbundenheit mit allen Mitteln auch zeigen.

Natürlich liegt die Berufswahl unserer Kinder für uns als Christen auf einer anderen Ebene als der Glaubensweg. Trotzdem müssen wir loslassen. Aber wir können in der Gewissheit leben, dass Gott auch *daran* gedacht hat und eine segnende Hand über Familien hält, in denen Eltern ihn ernsthaft suchen und für ihre Kinder beten. Paulus versichert Frauen, deren Männer nicht gläubig sind, dass diese Männer «geheiligt» sind durch den Wandel ihrer Frauen (1. Korinther 7,14). Das heißt nicht, dass der Zutritt zum Himmel auf der Basis der «Vetterleswirtschaft» läuft, sondern dass durch ein gottesfürchtiges

Familienmitglied die Tür zum Segen für die ganze Familie geöffnet ist.

Segen für einen, Segen für alle

Beispiele gibt es in der Bibel genug. Josef, in seiner Jugend ein Angeber vom Fach, wächst durch alle Widrigkeiten hindurch in eine tiefe Gottesfurcht hinein. Dieses Gottvertrauen gibt ihm die Kraft, die Niedertracht seiner Brüder und den Horror eines Zwangsexils in Ägypten mit Bravour zu überstehen. Unter anderem bringt er es fertig, den Reizen einer gewieften Verführerin zu widerstehen wie auch die Drangsal eines ägyptischen Gefängnisses emotional zu überleben. Seine gemeinen Brüder, die ihm mit fiesen Hinterhalts-Taktiken das Leben unfassbar schwer gemacht hatten, sind am Ende der Geschichte geläutert, gottesfürchtig und gezähmt. Josefs Entschlossenheit, auf Gott zu setzen, zu vergeben und nicht bitter zu werden, spielt eine große Rolle in der bewegenden Versöhnung, die stattfindet. Es hat ein paar Jahre gedauert. Krisen, die zu Änderungen führen, brauchen ihre Zeit, um zu reifen. Es gibt für alles eine richtige Zeit.

Auch König David hat am Anfang seiner Geschichte schlechte Karten als Jüngster aus einer Geschwisterreihe beeindruckender männlicher Mega-Talente und Muskelpakete. Er wird von seinen Brüdern verachtet, bestenfalls ignoriert. Fast beiläufig bekommen wir mit, dass er sie alle einige Jahre später in seiner königlichen Leibgarde und in seinen engsten Regierungskreisen dabeihat. Auch Davids Fähigkeit, nicht sauer zu werden und stattdessen Menschen für sich zu gewinnen – allem voran seine Familie –, hat sicher mit dem tiefen Gottvertrauen zu tun, das sein Leben kennzeichnet und ihn zu einer attraktiven Persönlichkeit macht. Wer ist schon nicht gern mit Menschen zusammen, die frei sind von Groll und Überempfindlichkeiten?!

Ähnlich verhält es sich mit dem Gatiter Obed-Edom, der unter Davids Regentschaft lebt. Seine Geschichte finden wir in 1. Chronik. Er macht von sich reden, als er die Bundeslade Gottes bei sich zu Hause beherbergt. Ein einschlägiges Gericht Gottes hat in der Bevölkerung Angst und Schrecken vor diesem heiligen Gegenstand ausgelöst, niemand will ihn in seinem Wohnzimmer haben. Erst als König David erfährt, wie gut es Obed-Edom & Co geht, seitdem sie, symbolisch gesehen, die Gegenwart Gottes direkt in ihre Wohnung geholt haben, startet er einen zweiten Versuch, die heilige Kiste nach Jerusalem zu holen. – Das Faszinierende an dieser skurrilen Geschichte ist das, was sie mit Obed-Edoms Familie angerichtet hat. In jeder Liste von Mitarbeitern, die in Davids Anbetungs- und Gottesdienstkultur aktiv sind, finden wir Angehörige von Obed-Edom. Die tiefe Hingabe des Stammvaters an den Dienst Gottes steckt nach und nach die ganze Sippe an. Alle wollen dabei sein.

Ein weiteres Beispiel für eine attraktive Frömmigkeit, die eine ganze Familie schließlich mit ansteckt, ist die Familie von Jesus selber. Seine leiblichen Halbbrüder und Halbschwestern sind nicht gerade begeistert, als er seinen bürgerlichen Alltag als Zimmermann für den Dienst als Reiseprediger eintauscht. Einmal versuchen sie, ihn vor lauter Verlegenheit mit Zwang nach Hause zurückzuschleppen. Sie wollen nicht für Dorfklatsch sorgen und fürchten um ihren Ruf. Sogar die geistlich denkende Mutter von Jesus, Maria, ist bei der Suchmannschaft mit dabei (Markus 3,33). Der Vorfall ist peinlich. Und geschieht in aller Öffentlichkeit. «Deine Mutter und deine Brüder suchen dich», wird Jesus informiert. Welcher dreißigjährige Mann will von seiner Mutter nach Hause zitiert werden? Jesus kontert mit der für ihn typischen Schlagfertigkeit: «Wer sind meine Mutter und meine Brüder?» Die, die den Willen Gottes tun, sind seine Familie, betont er.

Wir erfahren nicht, inwieweit Jesu Geschwister von dieser Episode brüskiert sind. Lange Zeit scheinen sie gar nicht zu seinem innersten Kreis dazuzugehören. Seine Mutter schon, aber die Geschwister nicht. Aber sowohl sie wie auch seine Mutter sind schließlich Teil der mutigen Pioniere der ersten Kirche. Einige Bibelkapitel weiter finden wir sie mit vollem Einsatz bei der Gründung der Urgemeinde mit am Start (Apostelgeschichte 1,14). Irgendetwas hat sich hier total verändert.

Überleben zwischen den Welten

Solche biblischen Anekdoten machen auch Klaus und Marianne Mut. Nie hatten sie Angst, dass sie die Beziehung zu ihrem Sohn verlieren würden, nur weil Lebenswege auseinander driften. Sie sorgten dafür, dass der Gesprächsfaden an keiner Stelle abbricht. Inzwischen ist Martin aus dem Haus gezogen und führt sein eigenes Leben. Seine Eltern lassen Meinungsverschiedenheiten stehen, legen es im Miteinander nicht auf Konfrontation oder Streitgespräche an, sondern konzentrieren sich in der wenigen Zeit, die sie zusammen verbringen, auf Gemeinsamkeiten. Ihr Hauptanliegen ist es, die Beziehung warm und herzlich zu halten und Martin zu lieben. Gott wird den Rest machen.

Auf die Frage, was ihnen in diesen Prozessen Halt und Gelassenheit gibt, sagen sie Folgendes:

«Unsere Gebete, unsere Beziehung zum Herrn, die Einheit in unserer Ehe. Auch die Gebete und das Interesse von Mitchristen. Es wurde kein Tabu draus gemacht. Christliche Freunde begegneten ihm mit Wertschätzung und suchten auf Augenhöhe das Gespräch mit ihm. Dies sind für uns bis heute besondere Momente, die heilsam sind und uns freuen. Um Einheit in der Ehe muss man ringen – aber das gilt auch für andere Lebensbereiche. Es hilft nicht, sich gegenseitig Vorwürfe zu machen und Schuldzuweisungen auszusprechen. Die Gefahr gibt es vermutlich bei allen Eltern, wenn es um Erziehungsfragen geht!»

Was war denn weniger hilfreich? Hier nimmt Marianne kein Blatt vor den Mund:

«Nicht hilfreich war der Kommentar einer guten Freundin, sie hätte diesen Weg kommen sehen, da ich als Mutter dieses Kind oft in

Schutz genommen und bevorzugt hätte. Diese Aussage war sicher gut gemeint, und da war auch was Wahres dran. Wir fragten uns nur, warum hat sie es erst jetzt gesagt und uns nicht früher darauf aufmerksam gemacht? Vielleicht hat sie sich einfach nicht getraut. Es bringt uns aber in christlichen Gemeinschaften nicht weiter, wenn wir bei anderen Fehlentwicklungen sehen und es unterlassen, liebevolle Hinweise zu geben. Es hilft auch nicht weiter, sich mit anderen Familien zu vergleichen oder sich als ‹Versager in Sachen Erziehung› zu betiteln. Diese Gedanken kommen von alleine, aber man muss sie von sich weisen, sie bringen einen nicht weiter.»

Ihre Gemeinde erlebten Klaus und Marianne in dieser Zeit als unterstützend und ermutigend. Sie hofften, dass auch Martin dort auf Freundschaft und Annahme stoßen und nicht als «Problemfall» oder Exot behandelt werden würde. *«Allerdings gab es auch vereinzelt Mitchristen, die Martin durch unbedachte Kommentare, Verurteilung, Zwang und Kontrolle ‹vollends den Rest gegeben haben›, als er ab und zu in der Gemeinde auftauchte»*, sagt Marianne. Sie weist auf die Gefahr hin, dass Kinder, die noch suchend und zweifelnd sind, schnell als «Projekt» behandelt werden, an dem «zu arbeiten» ist. *«Hilfreicher ist es, wenn man sich freut, sie zu sehen, genauso wie auch jeden anderen, der in den Gottesdienst kommt, mit ihnen Smalltalk betreibt, sie bedingungslos liebt und knifflige oder für das Kind peinliche Fragen vermeidet»*, fügt sie hinzu.

Mariannes Beobachtung erinnert mich an eine Frau, deren gemeindeskeptischer Ehemann mit auf eine Gemeindehochzeit eingeladen war. Ein übereifriges Gemeindemitglied saß bei der Feier danach in seiner Nähe am Tisch. Der arme Ehemann wurde aufdringlich missioniert, während seine Frau hilflos neben ihm litt und vor lauter Fremdschämen nicht wusste, wo sie hinschauen sollte. Ich hätte vor Verzweiflung heulen können, als ich von dem Vorfall hörte. Wie schützt man Kirchenferne vor dem übertriebenen Enthusiasmus der Glaubens-Insider? Wahrscheinlich kann man das nie ganz. Jede Gemeinde hat ihre Quote an tollpatschigen «Elefanten im Porzellanladen». Manchmal bin auch ich einer davon und überlege mir nicht rechtzeitig, wie irgendein Spruch, den ich von mir gebe, beim anderen ankommt.

Der missionierte Ehemann schien den Vorfall bei der Hochzeit übrigens verkraftet zu haben – zumindest so weit, dass er sich wieder in Gottesdienste getraute.

Der gemeinsame Weg nach vorne

Martins beide Geschwisterkinder spielen eine wichtige Rolle im Bemühen der Familie darum, dass die Beziehung zu ihm herzlich und wertschätzend bleibt, auch nachdem manches, was sie miteinander verbunden hatte, weggebrochen war. Klaus und Marianne ermutigen andere Eltern in ähnlichen Lagen dazu, auf keinen Fall zu resignieren, ihre Hoffnung und ihr Vertrauen auch weiterhin auf Gott zu werfen und keinen Unterschied erkennen und spüren zu lassen in der Art, wie sie mit ihren unterschiedlichen Kindern umgehen. Keine Familie darf eine Zwei-Klassen-Gesellschaft werden, zertrennt zwischen den Kindern, die sich den Wünschen der Eltern fügen, und denen, die es nicht tun.

Auch das hat in erster Linie nichts mit der Frage «Christ oder Nicht-Christ» zu tun, sondern mit gesundem pädagogischem Menschenverstand. Der alttestamentliche Patriarch Jakob hat einen erheblichen Schaden davongetragen, dass sein Vater Isaak so demonstrativ den sportlicheren Sohn bevorzugte – nämlich seinen Zwillingsbruder Esau – und den sensibleren Jakob der Obhut einer überbehütenden Mutter überließ. Jakob selber macht eine Generation später den gleichen Fehler und bevorzugt Josef. Mit fatalen Folgen.

Eine Frau, die ich kenne, litt stark darunter, dass ihre Mutter der älteren Schwester mehr Interesse und Aufmerksamkeit widmete als ihr. Diese Schwester hatte Medizin studiert und war Ärztin geworden. Die Mutter selber hatte als Kind davon geträumt, Tierärztin zu werden, bis der Zweite Weltkrieg dazwischenkam. Nun sah sie in ihrer ältesten Tochter die späte Erfüllung der eigenen gescheiterten Träume. Pech für die anderen Geschwister. Schade, dass diese Mutter keine Möglichkeit hatte, früher im Leben über die eigenen Verluste und Defizite zu reflektieren und dafür zu sorgen, dass die inneren Kämpfe über die alten Frustrationen und Entbehrungen nicht auf dem Rücken ihrer Kinder ausgetragen wurden. Sie liebte all ihre Kinder, ohne Zweifel, hat diese Liebe aber nicht gleichmäßig zeigen und «austeilen» können. Stattdessen ließ sie es zu, dass die Tochter, die ihr am ähnlichsten war, von den anderen als die Bevorzugte wahrgenommen wurde.

Marianne und Klaus weigern sich, sich mit ihrer Situation abzufinden. Sie geben die Hoffnung nicht auf, dass Martin irgendwann zum Glauben zurückfindet und sie als *ganze* Familie den Weg mit Jesus gehen können. Sie glauben fest daran, dass bei Gott nichts unmöglich ist, auch wenn es sich zeitweise anders anfühlt und anders aussieht. Für ihren Sohn wird viel gebetet, und sie sind überzeugt, dass Gott diese Gebete hört und sammelt und mit Martin ans Ziel kommen wird. Wann und wie das sein wird, überlassen sie dem Herrn. Die Herausforderung ermutigt sie, selber ganz nahe am Herrn zu bleiben, ihn im Gebet zu suchen, sich in Liebe und Geduld zu üben und demütig zu bleiben. Und, ganz wesentlich, Verständnis und Barmherzigkeit für andere zu haben, die sich in ähnlichen Situationen befinden, ohne in Gesprächen das Wort Gottes zu verwässern oder einzuschränken.

«Was würdet ihr jetzt anders machen? Was ist euer Rat für junge Eltern, die mit der Kindererziehung noch am Anfang stehen?», fragte ich Klaus und Marianne.

«Wenn wir junge Eltern vor uns hätten, die erst am Anfang ihrer Familiengründung stehen, gibt es auf jeden Fall einiges, was wir ihnen nahelegen würden. Wir finden es zum Beispiel wichtig, dass Eltern frühzeitig für die eigenen Kinder beten. Und dass sie dafür glauben, dass diese später in der Nachfolge des Herrn leben und bleiben werden. Offene und altersgerechte Gespräche über Glauben und Gemeinde, später auch über Geld, Internet, Sex und Pornografie sollten in der Kindheit und dann in der Jugendzeit aktiv gesucht werden; es darf keine Tabus geben. Kinder werden hauptsächlich

durch Vorbilder und herzliche Beziehungen gewonnen, nicht durch Informationen und lange Listen mit Regeln. Ebenso wichtig ist schon in jungen Jahren die Integration in einer verbindlichen Gemeinschaft mit anderen christlichen Jugendlichen und Gleichaltrigen.»

Jugendarbeit ohne Tabus

Die Geschichte von Klaus und Marianne wirft für Gemeindeverantwortliche viele Fragen auf. Allen voran die Frage: «Wie können wir als christliche Gemeinden Jugendlichen besser helfen, zu einem mündigen und eigenständigen Glauben zu finden – trotz Meinungsunterschieden und Spannungen in ihren Familien und trotz Krisen auf ihrem Glaubensweg?»

Wenn es einen Ansporn gibt, uns mit ganzer Kraft für ein gesundes und nachhaltiges Gemeindeleben einzusetzen, dann die Notwendigkeit, einen Ort zu schaffen, in dem unsere Jugendlichen ihren Freundeskreis bauen und ihr Leben gestalten wollen. Christen sind Menschen voller Überzeugungen, und das sollen die Jugendlichen auch sein und werden. Jugendliche brauchen Vorbilder, die klare Wege gehen und andere mitziehen. Wenn sie diese Vorbilder nicht in der christlichen Gemeinschaft finden, werden sie woanders danach suchen.

Oft vergessen wir, dass es ein Leben frei von Überzeugungen gar nicht gibt. Wenn biblische Überzeugungen nicht greifen, dann werden andere Überzeugungen in die Bresche springen. Und zwar massiv. Gefragt oder ungefragt.

Wenn unser Glaube militant und pharisäisch wird und im Dienst der eigenen Selbstverwirklichung anstatt im Dienst anderer Menschen gelebt wird, wenn wir uns in Randthemen festbeißen oder uns in Spannungen und Verletzungen innerhalb einer Gemeinde verlieren, dann muss uns klar sein, dass die ersten Leidtragenden unsere Kinder und Jugendlichen sein werden. Niemand – am allerwenigsten ein Jugendlicher – steht am Sonntag früh auf, um den Vormittag in einer muffigen Atmosphäre zu verbringen, umgeben von langen Gesichtern und steifen Gestalten, die sich blitzschnell in alle Richtungen zerstreuen, sobald das letzte «Amen» gesprochen wird. Warum soll irgendein Jugendlicher, der bei Sinnen ist, seine geistliche Heimat dort suchen?

Ein Pastor sagte einmal zu mir: «Probleme mit Teenagern? Haben wir nicht. Es sind die Eltern, die das Problem sind! Zu viele pubertierende Eltern!»

Nichts bremst das geistliche Leben eines Jugendlichen mehr als erwachsene Christen, die sich streiten. Unsere eigenen Kinder mussten das durchleben, als eine Reihe von Mitarbeitern in der Gemeinde, die in ihren geistlichen Ämtern Karriere machen wollten, einen Feldzug gegen die Gemeindeleitung führten, Gemeindemitglieder gegeneinander ausspielten und auch die Kinder für ihre Agenda einspannten. Unsere Kinder landeten zwischen den Fronten der verschiedenen Lager mit all ihren sich konkurrierenden Ambitionen. Es gab kein Entkommen, weil wir, ihre Eltern, im Leitungsteam der Gemeinde mit dabei waren.

Einige Freunde unserer Kinder gehörten zu den Familien, die der Gemeindeleitung den Kampf erklärt hatten. Es ging nicht um Kleinigkeiten: Wer wen nicht gebührend geehrt hatte, wer in welches Gremium eingeladen wurde und wer nicht, wer wen nicht freundlich genug begrüßt hatte am Sonntag davor, wer predigen durfte. Es ist die Frage der Jünger Jesu: «Wer ist hier der Größte?», die in unzähligen Varianten Gemeinden landauf und landab zum Stillstand bringt.

Unsere Kinder bekamen mit, wie sie nicht mehr zu bestimmten Festen eingeladen wurden – mit der Begründung: «Nicht persönlich nehmen, es liegt an eurem Nachnamen.» Sie mussten erleben, wie die Plätze, auf denen ihre Freunde sonntags gesessen hatten, leer waren. Das tat weh. Irgendwie haben sie diese Traumata überstanden, und die Krise hat ihrem Glauben keinen Abbruch getan. Aus den sich streitenden «Lobbyisten» von damals sind nicht mehr viele in Gemeinden aktiv, ihre Jugendlichen schon gar nicht. Die Eltern haben mutwillig das geistliche Wohl ihrer Kinder für die eigenen Ambitionen geopfert.

Das Dorf, das ein Kind erzieht

Aus Afrika stammt das Sprichwort «Es braucht ein ganzes Dorf, um ein Kind zu erziehen.» Natürlich bleiben Eltern für ihre Kinder die wichtigsten Bezugspersonen, die sie am meisten prägen, gerade auch in ihrem geistlichen Leben. Nicht nur in Afrika, sondern überall auf der Welt werden Kinder jedoch von irgendeinem «Dorf» oder einer Community miterzogen. Die Frage ist nur, von welcher Community?

Christliche Eltern, die ihren Erziehungsauftrag ernst nehmen, machen es sich zur obersten Priorität, ihre Kinder wenn irgendwie möglich in einer stabilen und gut geführten Gemeinde oder einer entsprechenden christlichen «Community» zu verankern. Sie setzen alles daran, ihre Kinder angesichts einer inzwischen von Sex und Pornografie durchtränkten Kultur in einem Freundeskreis zu integrieren, in dem sie gute Chancen haben, später entweder eine verlässliche Partnerschaft zu finden oder zumindest die Ressourcen, um als Single erfüllt und glücklich zu leben.

Es geht um mehr als nur ein flottes Programm für die Kinder. Priorität war für uns stets eine Gemeinde, deren Hauptmerkmale die Liebe für die Bibel und eine tiefe Hingabe an den Gott der Bibel waren. Ebenfalls wichtig waren uns Gemeindeleiter, die echte Hirten sind, keine gefallsüchtigen Star-Prediger – Hirten, die fähig sind, in einem Team mit anderen zusammenzuarbeiten. Wir hielten Ausschau nach Jugendleitern, die nicht nur ausgebildete Referenten sind, welche sozusagen «Dienst nach Vorschrift» leisten, sondern die mit Herz und Seele bei der Sache sind und als Vorbild dienen können für die Jugendlichen, die ihnen anvertraut werden. Wir wollten eine Gemeinde, in der wir Wurzeln schlagen können.

Es gibt Gründe, warum man eine Gemeinde verlassen soll. Aber wer Kinder hat, die in ihrer Gemeinde gut integriert sind, muss seine Beweggründe ernsthaft überprüfen, bevor er so einen Schritt macht. Ein zweiter oder dritter Neustart in einer Gemeinde ist für Kinder schwer zu verkraften. Geistliches Niemandsland – oder ein geistliches Leben, das sich lediglich auf jährliche Freizeiten und Großevents beschränkt – sind in der heutigen Zeit der falsche Ansatz für die Entwicklung unserer Kinder. Der Drang, am PC zu zocken oder stundenlang in den Social Media rumzusurfen statt auf die Mathe-Klausur zu lernen oder in der Bibel zu lesen, ist auch für disziplinierteste Jugendliche ein Hindernislauf mit dreieinhalb Meter hohen Hürden. Unser oberstes Bemühen als christliche Eltern muss es deshalb sein, eine Gegenkultur aufzubauen, die eine stärkere Anziehungskraft hat! Das kostet Arbeit und Hingabe, aber es lohnt sich.

Die offene Tür

Die «Amish People» sind eine stark konservative täuferisch-protestantische Glaubensgemeinschaft, die ihren Ursprung bei den europäischen Mennoniten des 17. Jahrhunderts hat und deren Mitglieder sich schließlich in großer Zahl in den USA und zum Teil auch in Kanada niedergelassen haben. Die strengsten Gruppen unter ihnen haben in den Jahrhunderten seit ihrer Gründung bezüglich der strengen Traditionen, Ordnungen und Gepflogenheiten wie auch in Bezug auf Sprache und Kleidung nur wenig geändert. Manche pflegen eine Praxis, die sie «Rumspringa!» («Rumspringen, Rumhüpfen») nennen. Jugendliche im Alter von 16 Jahren bekommen Freiheiten, die sie bis dahin nicht hatten, und dürfen das Leben in der erwachsenen Welt außerhalb ihrer Gemeinschaften beschnuppern. Wo und wie viel sie genau «herumspringen» dürfen, ist von Gemeinde zu Gemeinde unterschiedlich. In manchen liberalen Amish-Gemeinschaften dürfen sie tatsächlich eine Weile wegziehen und das Leben unter den «Engländern», wie sie nicht-amische Menschen nennen, kennen lernen.

Die allermeisten amischen Jugendlichen, die auf diese Weise einen «legalen» und nicht von Verboten belasteten Geschmack der «Freiheit» bekommen haben, kehren dankbar und gefestigt in ihre Gemeinden zurück. Die Quote der Ausbrecher ist extrem niedrig. Auch diese strenggläubigen Kommunitäten haben begriffen, dass ein Kind die Chance haben muss, zu der selbständigen und in ihm selbst gewachsenen und gefestigten Überzeugung zu gelangen, dass es sinnvoll ist, den Lebensstil der Eltern zu übernehmen. Der Blick über den Tellerrand, verbunden mit der Erlaubnis, womöglich nicht mehr zu glauben oder woanders eine geistliche Heimat zu finden, kann Jugendliche im besten Fall davon überzeugen, dass ihre Eltern doch Recht haben, und sie zur bewussten Rückkehr und dann auch zur definitiven Integration in die Gemeinschaft bewegen.

9

Wenn Kinder Eltern haben, die im Rampenlicht stehen

Viel zu selten wird berücksichtigt, wie schwer die Bürde ist, welche Kinder zu tragen haben, deren Eltern mitten im öffentlichen Leben stehen, wodurch sich die ganze Familie ständig unter Beobachtung fühlen muss. Wenn dein Vater Politiker ist, Arzt oder Lehrer, dann bist auch du als Kind ständig Mittelpunkt des Getuschels, der Gerüchte und der hingebungsvollen Beobachtungs-Strategie der ansässigen Bevölkerung, vornehmlich der Nachbarschaft und des Stammtisches in der Dorfkneipe. Wenn deine Mutter Zahnärztin ist, Leiterin der Bibliothek, Direktorin, Managerin, Steuerexpertin oder Kinderpsychologin, dann bist du als ihr Kind ebenfalls mittendrin im Rampenlicht.

Bloß sagt dir das keiner – du merkst es dann aber mit den Jahren bald mal selbst.

Aber man kann das noch toppen: Wenn deine Eltern nämlich Verantwortliche sind in einer Kirchengemeinde, wenn sie Älteste sind, Seelsorger, Pastoren, Gemeindeleiter, vielleicht auch Chorleiter oder gar Missionare – oh, dann wird aber gleich noch eine Schippe draufgelegt. Denn jetzt findet das ganze Dorf, vielleicht sogar der ganze Stadtteil, dass du doch als ihr Sohn oder als ihre Tochter gefälligst all das, was deine Eltern im Gottesdienst und im Pfarrblatt erzählen, predigen, raten und vielleicht sogar sehr dezidiert empfehlen oder sogar fordern und verlangen, so richtig gut und bitte ohne jedes Scheitern oder Versagen umsetzen solltest. Und falls dir das nicht gelingt …

… geht das Getuschel los: «Hast du gesehen? Der Markus hat wieder Blödsinn gemacht, er hat gelogen, er hat geschwindelt, er hat einen Stein geschmissen, er hat andere zu Bosheiten angestiftet.» Oder: «Hast du schon gehört? Die Dorothea hat ein anderes Kind gemobbt und ihm gesagt, es sei zu wenig hübsch, habe keine Freunde und sei in der Schule bei weitem nicht fix und intelligent genug. Was meint die denn, wer sie ist?!»

Und schon ist man als Kind mittendrin im Schlamassel, denn: Alle erwarten, dass das Kind des Pfarrers oder der Pastorin gefälligst brav sein muss, lieb, friedlich, harmonisch, ausgeglichen, aggressionslos, diplomatisch, feinfühlig, sanft, kollegial, empathisch, pflegeleicht, nie aufmüpfig und selbstverständlich immer folgsam und fügsam. Uff, was für eine Vorgabe! … Wenn man das als Pfarrer oder Pfarrfrau schon nicht sein kann, nämlich so eine Art von «Liebes-Vorbild und Friedefürst in Personalunion» oder eine Art von «Mutter Teresa auf zwei Beinen» – wie schwer ist diese Aufgabe dann erst für deren Kinder!

Wenn man Pfarrerskinder scheitern sehen will

Und da sind wir beim berühmten Sprichwort angelangt: «Lehrers Kinder, Pfarrers Vieh – gedeihen selten oder nie.» Will heißen: «Alles, was den Lehrern und Pfaffen anvertraut ist, gelingt nicht.» Und so eine Redewendung wird natürlich nicht bedauernd und teilnahmsvoll seufzend ausgesprochen, wird nicht voller Mitgefühl in die Landschaft gesetzt. Nein, vielmehr verbreitet sie sich als reine Schadenfreude im Sinne von: «Da habt ihr's! Wenn schon die eigenen Leute in seinem Pfarrhaus all das nicht umsetzen können, was der Herr Pfarrer uns die ganze Zeit predigt, was erwartet er denn von uns? Sollen die das bei sich zu Hause doch zuerst mal *selber* leben, bevor sie uns dauernd so anpredigen!»

Und wenn du als Kind dann ein paar Fehler machst, ist das fantastischer Stoff für den Stammtisch im Gasthof achtzehn Meter quer gegenüber von der Kirche, der am Sonntagmorgen nicht zum Gottesdienst einlädt, sondern zum ausgiebigen Frühschoppen.

Ein erstes Fallbeispiel, real erlebt: Der Papa von Silas ist Gemeindepfarrer, seine Mutter hält das Pfarrhaus in Schwung, empfängt und berät die Leute der Gemeinde, organisiert Frauentreffen, Müttertreffen, Mutter & Kind-Veranstaltungen, hat mit ihrem Mann einen Jugendkeller aufgebaut, der drei Mal pro Woche geöffnet ist und von ihr betreut wird, kocht einmal pro Woche für all jene, die ein warmes Gratis-Essen benötigen, und besucht, genauso wie ihr Mann, jeden Bewohner ihres recht großen Dorfes persönlich, wenn jemand telefonisch oder via eine Bekannte um ein Vorbeischauen oder um konkrete Hilfe bittet. Das Pfarrer-Ehepaar gibt also alles, wirklich alles, daneben kümmert es sich intensiv um Silas und dessen jüngeren Bruder sowie um die beiden Zwillingstöchter. Mehr geht ja gar nicht.

Und da das Ehepaar am Wochenende ebenfalls arbeitet, am Sonntag den Gottesdienst leitet, dort die von langer Hand und im Gebet vorbereitete Predigt vorträgt, anschließend zum Kirchen-Kaffee einlädt, mit allen das Gespräch sucht, allen aufmerksam zuhört und ihnen auch noch einen Segen mitgibt und daneben noch Fahrdienste für Auswärtige anbietet, sind die Eltern am Tag darauf erschöpft und durchgenudelt. Also versuchen sie – wie alle anderen Pfarrer und Pastoren auch – wenigstens an den Montagen den sogenannten «Pfarrer-Sonntag» zu genießen. Und so liegen Herr und Frau Pfarrer am Montag im Garten, relaxen, reden miteinander, schauen in die Sonne, beten, lesen ein Buch, lassen die Seele baumeln. Sehr schön. Und sehr richtig.

Ob das aber den Leuten im 1746-Seelen-Dorf nun so richtig doll gefallen will? Aber nein, ganz und gar nicht. Etliche von ihnen spazieren am Pfarrhaus vorbei, sehen die Eltern beim Siesta-Machen und sagen zueinander: «Siehst du, sie stehlen dem Herrgott wieder die Zeit!» – Worauf die zweite Person erwidert: «Ja, und das auf *unsere* Kosten und mit *unserem* Geld, das wir der Kirche bezahlen! Es ist eine Sauerei!» Und spätestens am Montagnachmittag hört Silas, 12-jährig, in der Schule dann gewisse Bemerkungen, dass seine Eltern Faulenzer seien, fast schon Tagediebe, und dass ja die ganze Familie nicht das lebe, was sie meint, am Sonntag der Gemeinde mitgeben zu müssen. Das sei doch alles furchtbar heuchlerisch.

Beobachtet und völlig falsch beurteilt

Ein zweites Fallbeispiel, ebenfalls real erfahren: Pfarrerssohn Lars geht mit einem Freund und dessen Vater an ein Bundesliga-Fußballspiel. Zum ersten Mal im großen Stadion, ein gewaltiges Erlebnis für ihn. Er ist einer von 46.000, die sich das Spiel anschauen – und er ist einer von 45.450, die von ganzem Herzen das Heimteam unterstützen. Es geht hitzig zu und her, die beiden Teams sind in etwa auf Augenhöhe, doch der Schiedsrichter fällt einige Fehlentscheide, leider meistens zu Ungunsten der Heim-Mannschaft. Lars schaut nach rechts: Dort ärgern sich sein Freund und dessen Vater grün und blau: «Schiri, du Armleuchter», schreien die beiden, «wir wissen, wo dein Auto steht! Wir wissen, wo du wohnst! Weg mit dir, du Pfeife! Pass nur auf, heute passiert noch was!» Dazu zeigen sie die Faust und den Mittelfinger und verschaffen ihrer Wut zünftig Luft.

Lars ist beeindruckt, schreit aber nicht mit. Doch irgendwann findet auch er den Schiri – na, wie wollen wir's nennen? – ziemlich katastrophal. Und er ruft zwei Mal laut: «Schiri, du Hoyzer» – in Anlehnung an einen ehemaligen Bundesliga-Schiedsrichter gleichen Namens, der angeblich Bestechungsgelder angenommen hatte. Danach denkt Lars: «Hm, ich will's mal nicht übertreiben. Papa würde das nicht gut finden. Er würde wohl auch viel ruhiger bleiben als ich hier.» Also wird er ganz bewusst sogleich wieder zum stillen Zuschauer.

Anderntags kriegt er es in der Schule zu hören: Der Vater eines anderen Klassenkameraden hatte ihn im Stadion gesehen und offenbar 90 Minuten lang beobachtet. «Was soll das?!», hat der Mann zu Hause abends dann wichtigtuerisch rumgebrüllt. «Der Sohn des Pfarrers geht also ins Stadion? Man glaubt's ja nicht! Aber schlimmer noch: Ich sag's euch, wie *der* sich benommen hat, wie *der* geschrien und gefaustet hat – dieser Pfarrer braucht mir nie mehr zu sagen, wie nett und freundlich wir uns zu verhalten haben im Alltag! Ich bin bedient! Soll er sich doch mal seinen so vorbildlichen Lars vorknöpfen, diesen Hooligan! ...»

Umkehrschluss: Der liebe Lars hätte also in den Augen dieses alles andere als wohlmeinenden Vaters einmal mehr ein Ambassador fürs Pfarrhaus sein sollen, ein Botschafter an Papas statt – und vielleicht auch gleich noch an Christi statt. Hätte er sollen. Tat er aber nicht. Konnte er auch gar nicht. Denn das ist ganz einfach zu viel verlangt.

Die fragilsten Stellen der Pastoren-Familien

Und da sind wir nun am entscheidenden Punkt angelangt: Wenn einer so ein Pfarramt, Prediger-Amt oder Seelsorger-Amt innehat, also geistlich Verantwortung trägt, betrifft das ja nicht nur ihn – sondern auch seine Ehefrau und seine Kinder! Wenn ich nun der «altböse Feind» wäre (wie Martin Luther ihn in seiner prägnanten Sprache immer mal wieder genannt hat), was würde ich an seiner Stelle denn tun? Ich würde zuerst mal diesen Verantwortung tragenden Mann bearbeiten, würde ihn drücken, mobben, schubsen, anklagen, verhunzen, verklagen, schlechtmachen, zuballern, madig machen, versauern und vertrocknen lassen. Ich würde ihn büßen lassen dafür, dass er glaubt, für Jesus einstehen zu müssen und dann womöglich noch den großen Glaubenshelden spielen zu können.

Nach einigen Jahren aber würde ich als der «altböse Feind und Widersacher» mit Schrecken erkennen: «Huch, der Kerl steht ja immer noch! Der ist zäh, der steht treu zu seinem Schöpfer. Der hat Charakterfestigkeit, der hat gelernt, mit Fehlern und Versagen umzugehen. Unsere Verklagungs-Strategie greift offensichtlich nicht bei ihm. Das gefällt uns nicht! Also müssen wir ihn auf *andere* Art fertigmachen!» – Und wie tut er das? Indem er schaut, wo es eventuell doch noch ein paar Schwachstellen gibt bei diesem Gemeindeleiter. Bei einem Haifisch zum Beispiel sind die Augen und die Nase besondere Schwachstellen; wenn man dorthin zielt oder die Finger dort reindrückt, dreht der Hai meistens ab und gibt auf, wenigstens vorübergehend. (Gut zu wissen, gell?! Smile!)

Und bei einem Gemeindeleiter oder Pfarrer? Genau: Die schwächste, feinste, weichste, fragilste und lebensbedrohlichste Stelle ist schnell gefunden – fragen Sie Ihre Pfarrersfreunde, sie werden Ihnen das sofort bestätigen: «Attackiere seine Frau und seine Kinder, und dann hat man ihn! Dann wird er klein beigeben und mundtot sein. Dann verliert er die Kraft und den Willen, dann steht er auch nicht mehr an der

Tür des Gemeinde-Stalles und kontrolliert aufmerksam die Ein- und Ausgänge der Schafe und Wölfe – und dann schwingt er auch keine gewaltigen Predigten mehr! Dann hat er nämlich nur noch Kraft für eines: dass er mit Müh' und Not seine Familie noch zusammenhalten kann, ha!»

Das müssen wir alle unbedingt noch stärker berücksichtigen: Als Kind von geistlich aktiven Eltern ist man unweigerlich auch in einem Kampffeld drin. Einem Kampffeld, das man als Jugendlicher in vielen Fällen weder erkennt noch versteht. Man hat auch das Sensorium noch nicht für solche Dinge; man sieht und durchschaut die Bewegungen in der unsichtbaren Welt noch nicht, man denkt gar nicht an sie, hat sie also gar nicht im Fokus. Geistlich aktive Eltern aber sollten das wissen und auch damit rechnen. Da mag ein Gemeindeleiter noch so tapfer, konsequent und zäh sein und überall als ein «Überwinder vor dem Herrn» gelten. Wenn seine Kinder angegriffen werden und dann einbrechen, nützt ihm seine eigene Stabilität und Standfestigkeit nicht viel; er wird sich selber schon bald als schachmatt erleben.

Wir haben wohl alle schon wunderbare Pastoren-, Missionars- und Pfarrer-Familien straucheln und scheitern sehen aus genau diesem Grund. Denn: «Was will ich der Welt das Evangelium erzählen, wenn ich mir rund um die Uhr Gedanken und Sorgen machen muss wegen meiner Tochter, meinem Sohn?» Am Schluss drehen sich dann auch fast all meine Gebete nur noch um mein Kind, aber nicht mehr um die Errettung all der Seelen, die mir im geistlichen Dienst anvertraut und zugeordnet wurden. – Dieser Gedankengang erinnert auch immer wieder an das Buch von C. S. Lewis, «Dienstanweisungen an einen Unterteufel». Dort wird ja exemplarisch aufgezeigt, wie strategisch die Unterwelt vorgeht bei dem Versuch, einen Menschen zu Fall zu bringen.

Ein zweites Kampffeld? Lieber nicht!

Wir müssen also dringend nachsichtiger und verständnisvoller sein mit Menschen, die in geistlicher Verantwortung stehen. Es muss uns bewusst sein, dass sie sich noch stärker als unsereiner in einem Kampffeld befinden und dass sie dort nur bestehen können, wenn wir ihnen dabei helfen und sie unterstützen. Wenn wir aber meinen, es sei sinnvoll, auf der horizontal-zwischenmenschlichen Ebene auch noch gleich ein zweites Kampffeld zu eröffnen, dann ist das Fiasko vorhersehbar. Kein Pfarrer dieser Welt braucht Kommentare im Stile von: «Der Pfarrer und seine Familie genügen überraschenderweise unseren hehren Idealen nicht. Sie sind ja, wer hätte das je gedacht, so verführbare und verletzliche Menschen wie wir. Enttäuschend! Und dann erst noch deren Kinder – oje, oje!»

Und wenn wir bei diesen Themen explizit an die Kinder denken, müssen wir doch auch die Situation von deren Müttern im Auge behalten. Denn in geistlicher Verantwortung zu stehen und dabei nicht nur aufmerksam zur ganzen Gemeinde zu schauen, sondern als Ehefrau und Mutter – oder wenn man der Ehemann einer Pfarrerin ist: als Ehemann und Vater –

auch zu der eigenen Family, zum Ehepartner und zu den Kindern Sorge zu tragen, tja, das ist eine steile Herausforderung. Die nächste Geschichte zeigt es.

Kindergärtnerin liebt Student – und der wird Pfarrer …

Das dritte Fallbeispiel, in Varianten immer und immer wieder erlebt: Eine junge Frau, 21 Jahre alt, frisch, weltoffen, dynamisch, mit Perspektiven und Hoffnungen nach vorne schauend, verliebt sich in einen feinen jungen Mann, 23-jährig und, wie sich herausstellt, begeisterter Theologiestudent. Ganz wunderbar. Die beiden passen zusammen, der Student lernt intensiv, hat zwar nicht allzu viel Freizeit, aber sie verbringen jede freie Minute miteinander.

Die Liebe wächst, man will definitiv *zusammen* ins Leben hinausgehen. Der angehende Theologe ist witzig, intelligent, charmant, pfiffig. Also alles bestens, denn die junge Frau ist «adorable», mit ihr wird der Student es garantiert gut haben. Die beiden reden auch davon, dass sie dann mal Kinder wollen. Auch das ist also besprochen. Sie gehen voran.

Sie verloben sich, es folgt die Hochzeit. Vor der Tür der Kirche stehen die Kommilitoninnen und Kommilitonen von der Theologischen Fakultät, werfen Reis und Blumen, organisieren den Aperitif, bauen einen Baldachin auf für das Brautpaar und die Gäste, machen Sprüche, lassen das Paar hochleben, singen sogar noch ein, zwei Lieder a cappella – kurz: Es ist alles angerichtet für ein gemeinsames Leben im Segen. Nur eines ist nie besprochen worden, und für eines ist noch in gar keiner Weise gesorgt:

Während der junge Mann im Studium alles lernt, was ihm dann im Pfarramt einst helfen soll – etwa Seelsorge-Verhalten, Seelsorge-Geheimnis, Homiletik, die Anleitung zur Predigt, das Begleiten von Menschen in Trauer, all die pastoralen Ämter und Pflichten, die Kasualien, die Gottesdienst-Gestaltung usw. –, kümmert sich um den geistlichen Rucksack und die berufsbedingten Aufgaben und Probleme seiner Geliebten, der angehenden «Frau Pfarrer», leider niemand …

Keiner klärt die Frau auf, was auf sie zukommen wird. Keiner führt sie ein; keiner erzählt ihr über Erfahrungen und Fettnäpfchen. Kein Mensch macht sich die Mühe, diese zukünftige Pfarrfrau auf ihr Amt vorzubereiten. Man denkt wahrscheinlich, sie sei dafür geboren und mache das dann schon recht – oder sie wachse dann zumindest in all diese Aufgaben hinein.

Ach, wenn es doch nur so wäre! Denn das ist ein Irrtum: In unserem spezifischen Fallbeispiel ist die junge Frau eine angehende Kindergärtnerin gewesen, und dass ihr geliebter Mann dereinst nicht mehr nur leidenschaftlicher Theologiestudent sein würde, sondern ein von den Lasten des Amtes teilweise fast erdrückter Pfarrer – daran hatte sie eigentlich gar nie so richtig gedacht. Denn bei der Hochzeit war dieser Schritt noch etliche Jahre entfernt.

Jetzt haben wir also eine gänzlich unvorbereitete Frau vor uns. Was ein Fehler ist (für den sie rein gar nichts kann). Aber es wird noch komplexer: Es kommen bei den beiden schon bald Kinder zur Welt, und denen erzählt nun wiederum kein Mensch, wie es ist, das Kind von Eltern zu sein, auf die im Dorf oder im Stadtteil aufgrund ihres Pfarramts alle schauen. Und jetzt versetze du dich, liebe Leserin, lieber Leser, doch bitte mal für drei Minuten in die Haut von so einem Kind (Du erinnerst dich: «Pfarrers Vieh …» und so weiter): Na, macht das Spaß?

Nein, macht es nicht. Denn für diese Art von Kindschaft gibt es keine Seminare, keine Trainingslager, keine Unterrichtsstunden, keine Vorbereitungskurse. Man *ist* einfach Pfarrerskind. Oder Seelsorger-Kind. Oder Kind des pastoralen Mitarbeiters oder Chorleiters. Oder Kind der Frau Pfarrerin oder der Pastorin. Oder Kind der Leiterin der Sozialen Dienste. Man *ist* es, aber erlernen kann man es nicht. Man kann im Bestfall reinwachsen in die Aufgabe. Was allerdings vielen nicht gelingt. Und da sind wir dann wieder beim Thema dieses Buches …

«Hatte null Ahnung, worauf wir uns da einlassen!»

Eine ehemalige Pfarrfrau, die dieses Kapitel gelesen hat, schrieb uns hinterher Folgendes:

«Ja, es ist genau so, wie ihr es beschreibt. Keine Bibelschule bereitet einen geistlichen Leiter und seine Frau auf die eigentlichen Kämpfe vor, mit denen sie es zu tun haben werden. Bei uns war es sehr ähnlich, wie ihr das geschildert habt. Ich verliebte mich in diesen tollen Mann, aber nicht in seine (damals noch zukünftige und für mich überhaupt nicht überblickbare) Berufung als Pastor! Hatte null Ahnung, auf was wir uns da einlassen. Die Gemeinde ‹geschah› ungeplant – ein Hauskreis, den wir leiteten, wuchs und wuchs und entwickelte sich zu einem richtigen geistlichen Aufbruch. Aber dieses rasante Wachstum brachte mich an all meine Grenzen: Das waren ja alles Menschen, die nicht nur eine gute Predigt hören und Gemeinschaft feiern wollten, sondern die Rat suchten, Hilfe erbaten, Gebet wünschten, Seelsorge, Zuneigung, Support. Ich war irgendwann komplett überfordert damit, meine Kräfte ließen nach. Gleichzeitig begann die Gemeinde an mir und meinen Kapazitäten zu zweifeln. Es gab erste böse Worte, und man ließ mich die Enttäuschung spüren. Irgendwann gelang mir die Flucht in einen Beruf außerhalb der Gemeinde (mein Mann ermutigte mich dazu), und Gott sei Dank hielt das dann auch unsere Familie zusammen. Ich sagte meinen Kindern, ich würde Verständnis haben, wenn sie nach diesen Erfahrungen mit dem Glauben nichts zu tun haben wollten. Was blieb mir anderes übrig? Sie haben ja alles mitbekommen. Doch wir haben die Kurve gekriegt – die Gemeinde und auch die Kids – und setzen uns seither intensiv dafür ein, dass junge Leiter und ihre Frauen wo immer möglich Begleitung und Vorbereitung erfahren und man ihnen das weitergibt, was uns damals so bitter gefehlt hatte.»

Vaters politische Äußerung auf der Kanzel

Ein viertes Fallbeispiel: Annalena, 14, hält sich tapfer: Zwar wissen alle, dass sie die Pfarrerstochter ist, aber sie ist ein frischer Typ, sympathisch, gewinnend, keck und durchaus abenteuerlustig. Sie hat sogar schon mal mit ihren Schulkameraden einige Zigaretten geraucht – versuchsweise, versteht sich –, und das gab natürlich Pluspunkte im Freundeskreis. Gleichzeitig machte sie nie einen Hehl daraus, dass sie gern zur Kirche geht und ihre Eltern sehr gut mag, sich also ganz und gar nicht abgrenzen will von ihnen.

Doch es kommt der Tag, der alles verändert: Ihr Vater, der Pfarrer, tut etwas, was er so noch nie getan hat – er äußert sich nicht nur zum christlichen Glauben, sondern auch zur politischen Situation in ihrer 5260-Seelen-Ortschaft. Denn die Behörden planen ein gewagtes und eigentlich überdimensioniertes vierstöckiges Gemeindehaus mit drei Einkaufsläden, Versammlungsräumen, einer Bibliothek, einem Milch-Verteilzentrum für die etwa fünfzehn Bauernhöfe der Region, einer Cafeteria, einer Bar, Sekretariatsräumen und einem Saal für Konzerte und Theater-Aufführungen, Empore inklusive. Der Pfarrer weiß natürlich, dass das kleine Städtchen bereits hoch verschuldet ist, deshalb nennt er sonntags auf der Kanzel die Dinge beim Namen: Das Ganze sei zu teuer, zu ambitioniert, zu gefährlich. Es sei schlichtweg ein Fehler. Und das …

… ließ die Bombe platzen: Ein Pfarrer, der sich in die politischen Entscheidungen einmischt? Für die Bürgerschaft des Ortes ein

No-Go! Rasch verbreitete sich das Veto des Pfarrers in der gesamten Region. In allen Haushalten wurde schon bald negativ geredet über ihn und seine Familie: Er stehe dem Fortschritt und dem Wohlergehen der Ortschaft, ja der gesamten Umgebung eindeutig im Weg, er sei ein Bremser und wolle sowieso immer das letzte Wort haben, kurzum: ein ewiger Rechthaber, dessen Meinung aber eigentlich eh keinen interessiere.

Seine ganz und gar unschuldige Tochter Annalena, die sich nirgends je geäußert hat zu diesem Thema, kriegt nun zu spüren, dass sie definitiv aus dem falschen Haushalt kommt: Sie wird ausgegrenzt, wird teilweise wie Luft behandelt. Einzelne Schüler sprechen nicht mehr mit ihr, lassen sie links liegen oder machen blöde Sprüche. Irgendwann bittet sie die Eltern, Wohnort und Schule wechseln zu dürfen, da sie es so nicht länger aushalten könne. (Das Gemeindehaus wurde übrigens dann gebaut, der Pfarrer musste gehen. Zehn Jahre später zeigte es sich: Die politische Gemeinde war inzwischen derart hoch verschuldet, dass sie die Finanzen nicht mehr stemmen konnte und Bundeshilfe beantragen musste.)

Metaphern und traumatische Bilder in den Slums

Und noch ein fünftes und letztes Fallbeispiel aus dem wirklichen Leben: Eine junge Familie mit drei Kindern zwischen 5 und 10 Jahren meldet sich, als der Vater in einem christlichen Magazin ein Inserat sieht: «Gesucht wird für eine europäisch geleitete Missionsstation ein Missionars-Ehepaar, das in einigen Slums in Nordindien für mindestens fünf Jahre verbindlich im Team mitarbeiten kann.» Die Eltern sind super motiviert, sie sind geradezu euphorisiert und beseelt vom Gedanken, irgendwo in der Welt derart konkret helfen zu können. Außerdem sind sie keine «Kopfmenschen», sondern beide handwerklich begabt und also sehr praktisch veranlagt. Genau das wird hier gebraucht!

Die Missionsstation ist sehr beglückt über die Bewerbung, bildet das Ehepaar in einem Kurzverfahren aus und schickt die Familie dann via New-Delhi in die Slums der umgebenden Regionen. Die Kinder aber werden weder gefragt noch interviewt, geschweige denn angeleitet. Man entzieht sie innert weniger Tage ihrem gewohnten Kulturkreis, ihrer Schule, ihrem Kindergarten, ihren Freunden. «Kinder sind flexibel», denkt man, «die können sich bald an die Gegebenheiten anpassen. Das fügt sich schon!» Aber so war's dann eben nicht …

Irgendwann in der dritten Woche im Dunstkreis von New Delhis Armutsquartieren sitzt der Vater mit seinen Kindern sinnierend vor einem riesigen Müllberg, auf dem indische Kinder nach irgendwelchen vielleicht noch essbaren oder verwertbaren Abfällen suchen. Da sieht der Vater mitten im Müll eine etwa vierzig Zentimeter große Blume zum Himmel emporragen, mit farbigen Blüten der Sonne entgegenstrahlend. Für den Papa ein gewaltiges geistliches Sinnbild: «Seht nur», sagt er zu seinen Kids, «so ist Gott: Mitten im größten Dreck und mitten im stinkigen Abfall lässt er neues Leben entstehen! Und genau deshalb, Kinder, sind wir hier!»

Diese Metapher ist großartig. Eigentlich. Aber die Kinder sehen Papas Sinnbild natürlich nicht. Sie sehen dafür was ganz anderes: nämlich total verarmte und verlauste Kinder, die barfuß, verdreckt und ungewaschen, seelisch abgestumpft und ohne jeden elterlichen Schutz in diesen Abfallbergen wühlen. Die Kinder des Missionars werden dieses Erlebnis nie mehr vergessen, sie können es aber auch nie mehr wirklich verarbeiten. Es entwickelt sich ein Trauma daraus, alle drei Kinder wachen Nacht für Nacht mit Alpträumen auf. Und immer geht es in diesen Träumen um Armut und auch um verlorene Kindheit und namenlose Ängste.

Nach einem Jahr muss die Familie aufgeben. Die Missionsstation schickt sie zuerst in ein «Retreat House», damit sie auftanken können, und als sie sehen, wie sehr die Kinder traumatisiert sind und dass ein Auftanken nicht mehr möglich ist, wird der Rückflug nach Europa organisiert. Was mit vielen Hoffnungen begann, endete so in gewisser Weise als «Niederlage». Immerhin kann man heute, ein paar Jahre danach, erkennen, dass die Handbremse gerade noch rechtzeitig gezogen wurde. Die Kinder sind wieder zur Ruhe gekommen. Aber was den Glauben und das Christentum anbelangt – da haben alle drei heute so ihre ganz eigene spezielle Meinung …

Auf die Zumutungen des Lebens vorbereiten

Was also tut not? Als Erstes müssen wir berücksichtigen, dass es enorm schwer ist, das Kind von Eltern zu sein, die im öffentlichen Rampenlicht stehen. Solche Kinder brauchen keine wöchentlichen oder gar stündlichen Kommentare (schon gar keine hämischen oder abschätzigen), sondern Begleitung, Verständnis, Schutz, Geduld, viel Kommunikation und – ganz wichtig! – Gebet. Es ist die Verantwortung der Eltern, aber eben auch der Leute rund um die Gemeinde, diese Kinder mit ins Gebet zu nehmen und für sie um Gottes geistlichen Schutz und Beistand zu bitten.

Zweitens sollte es zu den Aufgaben von Theologischen Stätten, Bibelschulen und Missionsstationen gehören, dass die Ehepartner der Ausgebildeten, Berufenen und Ausgesandten ebenfalls vorbereitet werden auf das, was das Leben ihnen ganz offenkundig bringen und zumuten wird. Und wenn eine junge Frau Theologie studiert und dann später ein Pfarramt übernehmen wird, dann muss man auch hier ihrem Partner vermitteln, was auf ihn an ihrer Seite zukommen wird.

Das Letzte, was auf diesem Gebiet gebraucht wird, sind naive Statements à la «Es wird schon gut werden! Es wurde noch immer gut; es wird eins zum anderen kommen! Die beiden schaffen das miteinander! Gott ist mit ihnen!». Ja, Gott ist mit ihnen, das dürfen wir erwarten. Aber wer den Mount Everest besteigen und bezwingen will, ohne vorher das passende Fitness-Programm zu absolvieren, ohne das richtige Equipment zu kaufen und ohne sich einen gut gefüllten Rucksack plus die Erfahrungswerte und Ratschläge früherer Bergsteiger mitgeben zu lassen, der ist schon bald verloren und absturzgefährdet. Und Pfarrer oder Pastor zu werden, das entspricht in etwa dem geistlichen Gegenpart einer Mount-Everest-Besteigung, oder nicht?! …

Drittens gilt die alte Faustregel, die merkwürdigerweise vor allem in Pfarrhäusern oft nicht beachtet wird, weil man meint, man könne sie an solchem Ort außer Kraft setzen: «Auch die Kinder von Pfarrern, Pastoren, Seelsorgern und Missionaren erleben die Pubertät! Und wie!» Genauso wie die Kinder von Ärzten und Lehrern. Wenn dich das Leben gerade durch diese Zeiten der Unsicherheit über den eigenen Körper und das eigene Wesen hindurchwuchtet und du dann gleichzeitig noch den braven, coolen Sohn oder die liebliche, angepasste Tochter spielen musst, damit das Ansehen der Eltern nicht harpuniert wird, dann hast du als Kind natürlich einen schweren Stand.

Von Momentaufnahmen und Gottes «großem Bild»

Zuletzt noch dies: Viele der großen Theologen der vergangenen Jahrzehnte, insbesondere jene aus der unmittelbaren Nachkriegsgeneration, waren nicht nur hervorragende Prediger sowie Beobachter und Kommentatoren des Zeitgeschehens und des Zeitgeists, sondern hatten auch das Bedürfnis, ihr Wissen und Erkennen in Form von guten Büchern zu veröffentlichen. Fast alle waren sie verheiratet und hatten mehrere Kinder. Der Tagesablauf war dann stets etwa derselbe:

Papa zog sich in sein Studierzimmer zurück, wo er hinter geschlossenen Türen las, betete, nachdachte und schrieb. Stören durfte man ihn nicht. War es ganz dringend, durfte man vielleicht mal anklopfen, aber ansonsten war der Herr Pfarrer für seine Kinder gleichzeitig der abwesende Vater. Ein Halbgott also, den man besser nicht störte in seinem Tun und Denken. Will heißen: Die alten «Kämpen» haben als Väter wohl fast alles falsch gemacht, was man nur falsch machen konnte. Sie vermittelten das Bild eines väterlichen Bezugspunkts, den man weder anrufen noch antasten durfte; das Bild eines Unerreichbaren also. Ein Bild, das sich später den Söhnen und Töchtern immer wieder ins innerliche Blickfeld zu schieben drohte, wenn sie das «Vaterunser» beten wollten.

Dass doch sehr viele dieser Pfarrerskinder später zu einem persönlichen und von Liebe durchdrungenen Jesus-Glauben fanden, dem abwesenden Vater zum Trotz, und den Glauben ihrer Väter weitergeben konnten, ist eine wunderbare Geschichte! Einerseits gewiss der oft alles verbindenden Meisterschaft und den Gaben, Talenten und Beziehungs-Stärken der Mütter zu verdanken. Und andererseits dem Umstand, dass wir von Gott wissen (siehe etwa Hiob 33,29), dass er jeden Menschen in dessen Leben zwei, drei Mal oder sogar noch öfter ganz konkret und ganz persönlich bei seinem Namen ruft und in der Folge auch für eine «Du & Ich»-Beziehung gewinnen will. Und dass er ihm so die Möglichkeit gibt, ganz unbesehen von früheren Enttäuschungen, Verletzungen, Umwegen und Fehlentscheidungen sehr persönlich mit einem «Ja, Vater im Himmel, hier bin ich!» zu antworten.

Halten wir also fest: Es ist auch bei Kindern von Menschen, die im öffentlichen Leben stehen und dort Verantwortung tragen – bei Pfarrerskindern zumal! –, alles immer nur eine Momentaufnahme. Unser Kind tut dies oder jenes – und wir erschrecken tief und reagieren mit Ängsten und Selbstvorwürfen. Aber wie gesagt: Das sind Momentaufnahmen! Unser Gott, unser Vater im Himmel, er sieht jedoch immer das große Bild. Immer! Täte er das nicht, wären alle Menschen, die uns in der Bibel als erwachsene oder noch ganz junge Protagonistinnen und Protagonisten vor Augen gemalt werden, ohne Ausnahme gescheitert. Gottes Erbarmen, Gottes Langmut, seine Liebe und Großherzigkeit aber kann – und will! – scheinbar verirrte und verlorene «Loser» zu Gewinnern machen. Pfarrerskinder, Pastorenkinder und Missionarskinder inklusive und manchmal sogar zuvorderst. Und ihre Mütter natürlich auch, aber sowieso! God bless!

10

Umkehr feiern – wenn Kinder die «anderen Wege» verlassen

Die Anziehungskraft des Zeitgeists und eine radikale Umkehr

Nikos Glaube – wie der von vielen anderen Kindern aus christlichen Elternhäusern – war ein angelernter Glaube. Seine Eltern waren engagierte Mitarbeiter in einer Gemeindegründungsarbeit. Als Kind lebte und atmete ihr Sohn ein konsequentes, gemeindezentriertes Christsein. Warum geht so ein Junge plötzlich andere Wege?

«Ich musste leider feststellen, dass ich keine wirkliche Beziehung zu Gott hatte», räumt Niko ehrlich ein. *«Ich habe viel aus Gewohnheit gemacht und weil meine Freunde alle in der Gemeinde waren. Eine eigenständige Beziehung zur Bibel hatte ich nicht. Vielmehr regte ich mich über viele Dinge auf, die in der Bibel stehen, und machte mir keine richtige Mühe, sie zu verstehen. Dazu kam noch meine Hoffnung, eine Frauenbeziehung außerhalb der Gemeinde leichter zu finden als in der Gemeinde – das war der eigentliche Grund, warum ich gegangen bin.»*

Die biblischen Werte, mit denen er groß geworden war, warf er nicht gleich über den Haufen:

«Ich war ja ein ‹guter Junge›. Meine Sexualität habe ich allerdings komplett ausgelebt – so wie die Welt es heute als normal bezeichnen würde. In Gottes Augen jedoch war es ein Leben in Sünde.»

Glücklich wurde Niko dabei nicht. Gleich nach seiner Abkehr vom Glauben ist er in ein tiefes Loch gefallen. Es ging so weit, dass er sich fast in die Psychiatrie einliefern lassen wollte. Er hatte zu diesem Zeitpunkt wenige Freunde außerhalb der Gemeinde, weil er eben sehr eingebunden gewesen war in dieser Gemeinschaft. Als dann einige Zeit verging und er neue Freundschaften geschlossen hatte, ging es ihm besser, und er hat sein neues «freies» Leben in vollen Zügen genossen. Das hatte durchaus seinen Reiz, gibt er zu:

«Ich konnte nach meinen eigenen Regeln leben und das machen, was ich wollte – mit der Frau schlafen, mit der ich wollte, Pornografie konsumieren, wann und wie ich wollte.»

Aber irgendwann bezahlte er den Preis für sein freizügiges Leben ohne Gott. Die Frauengeschichten forderten ihren Tribut. Es wurde immer wieder schmerzhaft, wenn er eine Beziehung hatte und diese beenden musste, weil er spürte, dass diese Frau keine Frau fürs Leben war. Im Hinterkopf hatte er immer wieder das Gefühl: «Unter diesen Frauen ist keine, die Gott sich für mich wünscht …»

Was geschah in dieser Zeit mit der Beziehung zu seiner Gemeinde und seiner Familie?

«Ich habe den Kontakt zur Gemeinde größtenteils abgebrochen. Es war mir klar, dass ich bewusst in Sünde lebte und mich damit gegen Gott gewandt hatte. Den Kontakt zu meinen Eltern habe ich nicht abgebrochen, aber er fand nicht mehr so intensiv statt.»

Seine Eltern haben sich um ihren Sohn tiefe Sorgen gemacht. Sie wussten nicht, wie sie damit umgehen sollten, und suchten – wie so viele Eltern in ihrer Situation – die Schuld vor allem bei sich. Später arrangierten sie sich mit der Situation.

Niko machte ihnen keine Vorwürfe. Im Gegenteil. Sein Vater half ihm beim Wegzug aus der Gemeinde-WG, in der er gelebt hatte, und unterstützte ihn in vielen praktischen Aufgaben, die beim Umzug zu erledigen waren. Er war aber sichtlich beunruhigt wegen seinem Sohn und fragte ihn oft, wie es ihm denn wirklich ging. Niko hat dazu eine klare Meinung:

«Das nervte mich extrem, weil ich mit den Eltern nicht darüber sprechen wollte, was ich getan hatte, und auch nicht erzählen wollte, wie es mir ging. Darum kam meist nur ein ‹Och, mir geht's gut› als Antwort.»

Nikos Gemeindefreunde ließen ihn nicht im Stich. Sie begrüßten ihn herzlich, wenn er hin und wieder im Gottesdienst aufkreuzte. Er kann sich nicht daran erinnern, auf die Gemeinde jemals sauer gewesen zu sein. Im Gegenteil, er regte sich auf, wenn jemand etwas gegen seine Gemeinde sagte, und empfand sie innerlich nach wie vor als eine Art Zuhause.

In seinem Rückblick auf die Zeit, in der er ohne Gott lebte, hat Niko sich über christliche Grundhaltungen, Werte und – aufgrund seiner eigenen sexuellen Eskapaden – vor allem auch sexualethische Fragen in einer christlichen Familie viele Gedanken gemacht. Er ermutigt Eltern, standhaft zu bleiben und wenn nötig auch bereit zu sein, Konflikte in Kauf zu nehmen. In seinen eigenen Worten:

«Wenn Kinder erleben, wie die Eltern ihre Werte beim kleinsten Gegenwind fallen lassen, hat das nichts mit einem fundierten Glauben zu tun, und man stellt sich die Frage: Was ist überhaupt echt an ihnen? Authentizität ist total entscheidend. Wenn Eltern die Werte aktiv leben und daran festhalten, bietet das dem Kind Orientierung, auch wenn es sich zunächst nicht danach richtet. Wenn Eltern Kompromisse machen, wird das Glaubensleben nicht mehr ernst genommen, und die Eltern verlieren an Glaubwürdigkeit, womit dann unweigerlich ein weiteres Aufweichen der Werte einhergeht und der Glaube allgemein komplett uninteressant wird. Wie Eltern diese Werte einbringen und wann, in welcher Form und welcher Stimmungslage – da ist sehr viel Weisheit gefragt!»

Niko ist sich bewusst, dass Eltern das Kind durch so ein standhaftes Verhalten «verlieren» können. Die Angst davor, die viele Eltern haben, ist verständlich. Aber wenn man klein beigibt, «verliert» man das Kind auch – eben auf eine andere Art und Weise. Wichtig ist, dass das Kind weiß, warum die Eltern konsequent handeln, und dass es jederzeit zurückkommen kann. Fazit von Niko:

«Die Werte aufzuweichen ist in einer Zeit wie heute keine Option!»

Die Werte, die Nikos Eltern ihm auf den Lebensweg mitgegeben hatten, haben sich bei ihm letztendlich durchgesetzt. Was war der Auslöser, der ihn zum Umdenken brachte? Es war wieder das entscheidende Thema: *«Frauen!»*

Die Sehnsucht nach einer Frau fürs Leben, von Gott geschenkt, ließ ihn auch in der Zeit seiner Gottesferne nicht los. In seiner Gemeinde hatte er immer wieder gehört, wie wichtig es ist, in wichtigen Lebensentscheidungen das Reden Gottes zu hören. Jedes Mal, wenn er eine Beziehung beendete, zog es ihn wieder in die Gemeinschaft mit Freunden aus der Gemeinde, mit denen er das Gespräch suchte. Aber es dauerte lange, bis er bereit war, aus diesem dauerhaften Ringen in seinem Herzen die Konsequenzen zu ziehen. Zu fest hing er an dem Drang, in jener Freiheit weiterzuleben, die er mittlerweile gewohnt war: das «unbeschwerte Leben» mit freiem Sex und ungebundenen Beziehungen weiterzuführen, in dem er Gemeinschaft, Annahme, Liebe und Anerkennung gesucht hatte.

Endlich kam ein Tag, an dem Niko den Schalter umlegen konnte. Das Karussell von Vergnügen und der hemmungslosen Befriedigung sexueller Lust kann eine Seele nicht für immer sättigen. Niko beschreibt die Wende in seinem Leben so:

«Nach einem herben Erlebnis bei einer erneuten Trennung wollte ich mit der Suche nach Frauenliebe Schluss machen, weil mich der immer wiederkehrende Trennungsschmerz richtiggehend zerdrückte. Dass

man Sex ohne jede innere Hingabe haben und das dann doch unter ‹echte Liebe› abbuchen kann, war ein Trugschluss. Das wurde mir jetzt klar. Einmal lernte ich eine bestimmte Frau besser kennen, und wir verstanden uns gut. Als sich eine feste Beziehung anbahnte, gab es einen Moment, in dem mir bewusst wurde, dass nun eine Grundentscheidung für mein Leben fällig war. Ich musste mich entweder ganz für ‹die Welt› entscheiden, mein unruhiges Gewissen in Bezug auf Beziehungen ganz verstummen lassen und meinen Glauben ein und für alle Mal an den Nagel hängen – oder ich musste mich ganz neu komplett für Gott und seine Wege entscheiden. Es gab dazwischen keine Grauzone mehr, kein Hin- und Herpendeln zwischen den zwei Welten. Eine regelrechte ‹Furcht Gottes› kam über mich. Ich wusste, dass es jetzt nicht nur um das Leben hier auf dieser Erde geht, sondern auch um mein ewiges Leben. Plötzlich war mir klar, wie ich mich zu entscheiden hatte. Es ging mir in dem Moment richtig hundeelend, ich hätte mich am liebsten übergeben, fühlte mich krank, erschöpft und ausgelaugt. Aber ich entschied mich für Gott.»

Dieses Mal war es echt und endgültig. Niko teilte seiner Freundin die Entscheidung mit. Sie reagierte mit Unverständnis. *«Dann habe ich Rotz und Wasser geheult»*, so Niko weiter, *«aber es war die klarste Entscheidung, die ich jemals gefällt habe. Meine Gefühle und die Umstände haben allesamt dagegen gesprochen, aber ich empfand einen unglaublichen Frieden in mir und wusste, ich war auf der richtigen Seite gelandet und hatte mich mit Gott versöhnt.»*

Niko macht keinen Hehl daraus, dass sein freizügiges Leben ohne Gott Spuren und Narben hinterlassen hat. Selbst in der Zeit, in der er vom Glauben seiner Kindheit am weitesten entfernt war, belastete ihn der Gedanke, dass er vielleicht einmal eine Frau heiraten würde, die noch Jungfrau war. Diese Unschuld und Exklusivität würde er ihr im Gegenzug nicht bieten können. Würde eine Frau, die ihren Weg geradliniger und konsequenter gegangen war, ihn überhaupt heiraten wollen, wenn er ihr ehrlich über seine Vergangenheit erzählen würde?

«Darüber hinaus sind durch mein Verhalten Freundschaften kaputtgegangen, die hätten halten können», fügt Niko hinzu. *«Ich habe eine Ehe gebrochen, habe Menschen verletzt, die keinen Schaden genommen hätten, wenn ich verantwortungsbewusst gelebt hätte.»*

Trotzdem ist Niko überzeugt, inzwischen mit seiner Geschichte versöhnt zu sein. «Ich habe alles, was ich wusste, vor Gott gebracht, gebeichtet, um Vergebung gebeten. Aber es dauerte, bis die alten Gewohnheiten abgestellt waren und die dazugehörenden Bilder aus dem Kopf eliminiert waren. Ich glaube, dass Gott sehr viel wiederhergestellt hat und nach wie vor dabei ist, die Dinge in mir wieder aufzubauen und zu erneuern.»

Nach einiger Zeit, in der er ohne Frauenbeziehungen lebte, lernte er in der neuen Gemeinde, in der er nach seinem Neuanfang mit Gott Mitglied wurde, eine junge Frau kennen. Inzwischen ist er frisch verheiratet und glücklicher Ehemann.

Niko bleibt bei seiner Überzeugung, dass Eltern zu den biblischen Werten stehen sollen, auch wenn ihre Kinder sich zeitweise von diesen Werten verabschieden. Es gibt diesen eindrücklichen und bedenkenswerten Rat, den ein gläubiger Vater einst seinem Sohn mitgegeben hatte: «Mach einer Frau mit deinem Körper niemals ein Versprechen, das du nachher mit dem Rest deines Wesens und deiner Absichten nicht einhalten kannst.» Niko würde ihn heute wohl unterschreiben. Er fasst seinen eigenen Rat an Eltern, die etwas Ähnliches durchmachen müssen wie seine eigenen Eltern damals, so zusammen:

«Seid für die Kinder da, wenn sie es wollen. Aber lasst auch los, wenn sie es sich unbedingt wünschen, und betet für sie!»

Die Kraft von guten Vorbildern

Ein junger Mann namens Yannick hatte einen ähnlichen Werdegang wie Niko: ein christliches Elternhaus und liebevolle Eltern. Auch er ist völlig ausgebüxt – nicht nur weg von Gott, sondern auch mitten hinein in ein ausschweifendes Leben, das bis über alle Grenzen hinweg mit Partys, Begierden, Vergnügen und Sex angefüllt war. Auch er fand den Weg zurück zum Glauben, und auch er bedauert zutiefst die wertvolle Zeit, die er mit seiner Jagd nach Lustbefriedigung vergeudet hat. Ich fragte ihn: «Was hätte dir als Jugendlichem geholfen, auf einem geraden Weg zu bleiben?»

Als Antwort betont Yannick die Wichtigkeit von Gemeinschaft und einem geistlichen Umfeld, in dem christliche Eltern ihre Kinder erziehen. Ihm hatte damals eine beständige, stabile Jugendarbeit gefehlt. Es gab auch niemanden, der das Gespräch gesucht und ihm rechtzeitig ins Gewissen geredet hätte. So kam er einfach nicht darauf, sich mal eingehend damit auseinanderzusetzen, dass sein Leben womöglich ganz und gar nicht in Übereinstimmung mit dem war, wie ein christliches Leben eigentlich aussehen sollte.

Yannick scheut sich nicht, die Männer im Leib Christi aufzufordern, ihre Verantwortung für die nächste Generation ernster zu nehmen. Männliche Jugendleiter bräuchten die Gemeinden – Männer, die aus ihrem Einsatz für die nächste Generation ein Lebenswerk machen. Er schwärmt von der Jugendarbeit in der Gemeinde, in der er letztlich sein geistliches Zuhause gefunden hat. Als er dort auftauchte, machte der Jungscharleiter schon seit 25 Jahren regelmäßig seine Teenie-Bibelschule. Der Haupt-Jugendleiter begleitete Jugendliche auch schon seit 21 Jahren. Beide Männer taten ihre Dienste ehrenamtlich und verbanden klare Grenzen und Strukturen mit einer Menge Spaß, mit Freizeitangeboten und jährlichen Jugend-Camps. Es wurde offen über Sex, Internet-Zockerei und Süchte geredet. Für jene naturliebenden Burschen und Mädchen der Gemeinde, die sich vor allem für Outdoor-Programme interessierten, gab es außerdem eine Pfadfinder-Arbeit. Inzwischen selbst ein Familienvater, ist Yannick zu folgendem Schluss gekommen:

«Kinder haben nicht die Reife, unsichtbare Realitäten wahrzunehmen. Sie werden von den Einflüssen geprägt, die sie sehen, spüren und hören können. Deshalb wollen wir als Eltern alles daransetzen, diese Wahrnehmungen positiv zu prägen – in der Hoffnung, dass unsere Kinder früh im Leben eine feste Beziehung zu Jesus aufbauen und aus eigenem Antrieb gute Entscheidungen treffen und gesunde Freundschaften aufbauen.»

Wo sind all die Männer?

Yannicks Gedanken über die Wichtigkeit männlicher Rollenvorbilder in christlichen Gemeinden bekräftigten meinen Verdacht, dass wir in unserer christlichen Kultur einen zu starken Hang zum Femininen haben, der gerade für Jungs abschreckend sein muss. Der Grund dafür ist vermutlich, dass Frauen generell geistlich aktiver und kreativer sind als die Männer, die in der Arbeitswelt zwangsläufig oft bis zum Anschlag gefordert sind. Folglich ist es viel einfacher, Freiwillige für die Tisch-Deko beim Gemeindeessen zu finden als für einen Männer-Stammtisch oder eine Fußballrunde mit den Jungs.

Eine «geistliche Stuhlkreis-Kultur» mit Kerzen, Tücher-Schwenken, baumelnden Seelen und der Einladung, den anderen in der Runde die tiefsten Regungen der eigenen Emotionen und überhaupt gleich die gesamte eigene Seelenlandschaft zu entblößen, mag für Frauen Balsam fürs Herz sein. Aber junge Kerle (und vermutlich auch Mädchen) treibt so was eher in die Flucht.

Attraktive männliche Vorbilder sind vor allem für unsere Jungs ein Muss. Für die missionarische Ausstrahlung einer Gemeinde ist dies ebenfalls wichtig.

«Ich wollte einen Glauben, der deftig ist und Muskulatur hat», sagte einmal ein Junge, der einiges an seiner Kirche auszusetzen hatte, bevor er zurück zum Glauben seiner Kindheit fand. *«Einen Glauben, der mir alles abverlangt und mich herausfordert. Das träge Konsumverhalten vieler Christen ist echt abstoßend für*

Jugendliche – die wollen was reißen, was ausrichten, ihre Zeit füllen, abends müde ins Bett fallen. Wenn sie dieses Ventil nicht in der Gemeinde finden, dann suchen sie es natürlich woanders. Schon unser Liedgut gehört überprüft. In den charismatischen Gemeinden, in die wir als Familie in meiner Kindheit gingen, klangen manche Lieder wie die Liebesschnulzen, die ich in den Hitparaden so sehr hasste. Gib mir lieber was Griffiges und Zünftiges wie ‹Ein feste Burg ist unser Gott›! Und dann diese Emotionalität, die aufgesetzte Freundlichkeit – es kam mir alles so fake vor. Ich brauchte echte Freundschaften. Aber wir wechselten zu oft die Gemeinde, und es kriselte zu oft in diesen Gemeinden, deshalb habe ich nie Fuß fassen können. Aus einer Erlebnis- und Konsumkultur in Gemeinden entstehen keine seriösen Nachfolger Jesu.»

Ein englischer Bekannter namens Paul wuchs in einer lebendigen Gemeinde in Nordengland auf. Sein Vater war der Pastor. In dieser Gemeinde wurde alles geboten, was man sich nur wünschen und ausmalen konnte. Aus einem großen Umkreis strömten viele Familien dorthin, weil die Kinder- und Jugendarbeit so einen guten Ruf hatte. Als erwachsener Mensch sieht Paul jetzt, wie lebensrettend die biblischen Grundsätze und christlichen Werte waren, die ihm von seinen Eltern und seiner Gemeinde vermittelt wurden. Als junger Mensch kehrte er der Gemeinde seiner Eltern trotzdem den Rücken und suchte die Weite. Er betont, dass er Gott selber *nicht* den Rücken kehrte. Selbst in der einsamsten Zeit der Gemeindeferne hielt er an den Prinzipien fest, die er von seinen Eltern gelernt hatte. Wenn er mit Menschen zusammen war, die über Gott und Christen lästerten, verteidigte er die

Bibel und ließ kein negatives Wort über die im Raume stehen, die das Wort Gottes ernst nehmen. Erst im Nachhinein wurde ihm klar, wie tief seine geistlichen Wurzeln in seinem Herzen doch verankert waren, auch wenn es ihm in dem Moment gar nicht bewusst war.

«Mein Weg zurück in eine Beziehung zum Herrn war ein langer Weg», erzählt er. *«Ich brauchte Zeit, bis ich mich damit abfinden konnte, dass keine Gemeinde perfekt sein kann. Dass es in jeder Gemeinde auch Heuchler geben wird – und dass ich selber einer davon bin. Ich musste die richtende Haltung, die ich Christen gegenüber hatte, nach und nach ablegen.»*

Paul fing an, eine Gemeinde zu besuchen, die keine Verbindung zu seinem früheren Gemeinde-Umfeld hatte. Der Pastor dieser Gemeinde ging liebevoll und geduldig mit ihm um und gönnte ihm die Zeit, die er brauchte, um mit dem Glauben seiner Kindheit wieder warm zu werden. Er zeigte Verständnis und gab die nötige Weite, scheute sich aber nicht davor, Paul auch herauszufordern. In Pauls eigenen Worten:

«Diese Mischung aus Gnade und Strenge war genau das Richtige und half mir, Gott zur richtigen Zeit neu zu entdecken.»

«Ohne die Gebete, die Liebe und die Vergebung meiner Eltern wüsste ich nicht, wo ich gelandet wäre», fügt er hinzu. *«Jetzt diene ich wieder mit voller Kraft im Leib Christi und bin für meine Erziehung in einem gläubigen Elternhaus unendlich dankbar. Auch wenn ich diese Erziehung damals als einengend empfand.»*

Paul ist inzwischen selber Pastor einer wachsenden Gemeinde und folgt dem Vorbild seiner Eltern, die ihm vorgelebt haben, wie man Jesus treu und beständig dienen kann, wie auch immer die Umstände gerade sein mögen.

Die Berichte von Paul, Niko und Yannick unterstreichen, welch wichtige Rolle eine Gemeinde in der Begleitung von jungen Menschen spielt. Wie oft taucht in den Geschichten der «Rückkehrer» ein Jugendleiter, ein Mentor, ein Freund oder ein Pastor auf, der die Mühe auf sich nimmt, einem sich verirrenden Aussteiger nachzugehen! Und an ihm dranzubleiben. Und dann auch nicht aufzugeben. Was für eine Ermutigung für alle, die für die Jugendarbeit in Gemeinden verantwortlich sind!

Ebenfalls ermutigend ist die Beobachtung, dass manch ein ehemaliger Rebell und aufmüpfiger Dickkopf letztlich ein feiner und effektiver Leiter in einer Kirche geworden ist. Ist ja logisch. Denn gerade die Gemeinde Jesu braucht Querdenker – Menschen also, die Dinge in Frage stellen und die bereit sind, Neues auszuprobieren und Nutzloses über den Haufen zu werfen. Menschen aber auch, die aus eigener Erfahrung wissen: «Das Gras auf der anderen Seite des Hügels ist keineswegs grüner – ganz im Gegenteil!» Die aber auch wissen, wie sehr wir dann gefälligst dafür schauen müssen, dass das Gras auf *unserer* Seite des Hügels grün ist und für immer grün bleibt. Und zwar saftig-grün, attraktiv-grün, hoffnungs-grün. Himmelsgrün, müsste man schon fast sagen. Ein Grün, das bereits auch für die Kinder und Jugendlichen «das schönste Grün der Welt» ist!

11

Christliche Gemeinden und ihre Jugend

Die vorhergehenden Geschichten zeigen, wie wichtig es ist, stetiges und verlässliches Gemeindepersonal zu haben. Manch eine Gemeinde überlässt ihre Jugend der Obhut von Jugendreferenten oder Praktikanten frisch aus einer Bibelschule, die sich ständig abwechseln, oder dann Absolventen des FSJ, des Freiwilligen Sozialen Jahres, die nach zwölf Monaten wieder weiterziehen. Oft vergessen wir, dass Jugendliche mehr als alles andere *feste Bezugspersonen* brauchen, die – am besten über Jahre hinweg – ihre «Schäfchen» gut kennen und ein Stück Lebensweg mit ihnen gehen; Bezugspersonen, die sicher ein tolles Programm schmeißen können, ja, die aber auch wissen, wo sie fest anpacken und konfrontieren müssen oder wo sie lieber Milde walten lassen sollen.

Die Begleitung eines Jugendlichen im Glauben muss eine geschickte Mischung aus einladender Prägung, eimerweise Gnade und Nachsicht sein – und trotzdem (in sorgfältig ausgewählten Momenten) auch verbunden mit klarer und gut getimter Konfrontation. Nicht ohne Grund sind die lebendigsten und bestbesuchten Jugendgruppen diejenigen, die am klarsten über Gott und die Menschen, Himmel und Gegenwelt, Sünde und Kreuz, Gebet, Buße und Heiligung reden. Dass Jugendliche davon abgeschreckt werden, ist ein Trugschluss. Sie haben eine natürliche Neugierde nach Wahrheit und müssen in dieser Suche gefördert und ermutigt werden, eingeladen werden zum Glauben, nicht mit Zwang hingepeitscht, auch nicht mit einer billigen Gnadenlehre abgespeist.

In einer großen freikirchlichen Gemeinde, in der ich als Referentin eingeladen wurde, erzählte mir die Leiterin der Frauenarbeit von ihrer Sorge, dass die jungen Frauen in der Gemeinde sich immer wieder eingeschränkt und gebremst fühlen, weil nur Männer predigen durften.

Ich musste laut lachen. Denn bevor sie das sagte, wollte ich ihr gerade von meiner Bewunderung für die mutigen Auftritte der jungen Frauen bei dem Frauenfrühstück erzählen. Sie waren zum Teil hochbegabt, traten in Liedern, instrumentalen Stücken und in der Moderation zuversichtlich und souverän auf, hatten soziale Kompetenz und eine Ausstrahlung, von der viele Eltern junger Frauen heutzutage nur träumen können. Sie wirkten alles andere als gebremst und eingeschränkt! Falls diese Gemeinde mit übertriebener Gesetzlichkeit Probleme hatte oder versuchte, ihre Frauen auszugrenzen, war davon nichts zu spüren.

Komisch: In manchen Gemeinden, in denen alles eher locker läuft, die Jugendlichen so leben und auftreten können, wie sie wollen, Frauenpower übertrieben großgeschrieben und die Bibel nicht mehr so wirklich ernst genommen wird … dort wirken gerade die Damen gehemmter, schweigsamer und schüchterner, begrüßen Besucher nicht, ergreifen keine Initiative, machen keinen Smalltalk, unterhalten sich nicht und trauen sich nicht, vorne zu stehen.

«Irgendetwas macht ihr richtig», sagte ich der Frau. «Richte deinen Mädchen aus, dass ich viel unterwegs bin im Lande und noch selten so eine Truppe von strahlenden, kompetenten und zuversichtlichen jungen Frauen erlebt habe!» – Manchmal braucht es jemanden von außerhalb, der so was beobachtet und auch laut sagt.

Dank liebevoller Strenge drangeblieben

Ein junger Familienvater namens Denny hatte, ähnlich wie Matthias, Niko, Yannick und Paul, eine Reihe Krisen in seinen Teenagerjahren, auch Glaubenskrisen. Auch er verdankt seine Entscheidung für den Glauben den Ansprechpartnern und Vertrauenspersonen außerhalb seiner eigenen Familie, die ihm nachgingen und ihn nicht aufgaben. Auch Dennys Eltern sind Verantwortungsträger in ihrer Gemeinde, wie die von Matthias und Paul.

«Ich bewunderte als Jugendlicher den authentischen Glauben und den konsequenten Lebensstil meiner Eltern, war allerdings ziemlich genervt, dass sie so viel Zeit in Gemeinde-Veranstaltungen verbrachten. Es war für mich ein Zwiespalt. Denn gerade dieses Gemeinde-Engagement zeigte mir ja, wie ernst sie es mit ihrem Glauben meinten. Es war aber ein Spannungsfeld, und manchmal hat es zwischen mir und meinem Vater mächtig gekracht.»

Denny blieb dem Glauben seiner Kindheit verbunden, weil er in seiner Gemeinde viele Christen beobachten konnten, die ihren Glauben genauso wie seine Eltern authentisch lebten. Er fühlte sich immer angenommen, obwohl sein Verhalten manchmal völlig neben der Spur war und er oft ganz schön launisch und mürrisch aus der Wäsche schaute. Bis heute rechnet er es seinen Eltern hoch an, dass sie für ihn gebetet und um ihn gerungen haben.

«Liebevolle Strenge», so fasst er die Strategie seiner Eltern zusammen. Ja, er wurde manchmal strampelnd und klagend in die Gemeinde mitgeschleppt, aber im Rückblick findet er den auferlegten Druck gar nicht so schlecht. Immerhin sind Jugendliche, denen es nicht selbst überlassen wird, ob sie den Gottesdienst besuchen oder nicht, als Erwachsene mit einer größeren Wahrscheinlichkeit in Gemeinden zu finden als die Kinder von Eltern, die es diesbezüglich locker nehmen.

Auch Denny betont die Wichtigkeit von starken männlichen Bezugspersonen, die ein ernstes Interesse an der Unterweisung der nächsten Generation zeigen, vor allem im Hinblick auf die Jungs. Bibelarbeit, Austausch, Gottesdienste: *«Alles schön und gut und für alle Jugendlichen wichtig»*, meint er. *«Aber für die Jungs braucht es auch Fußball, Action, Outdoor-Programme, Tischkicker, gemeinsames Grillen. Gespräche über die Befindlichkeiten männlicher Seelen ergeben sich am einfachsten bei vollem Magen am Lagerfeuer, am Billardtisch oder in der Vesperpause beim Bergsteigen. Sie müssen sich aber ergeben, sie können nicht erzwungen werden.»*

So unterschiedlich die Geschichten jener Jugendlichen sind, die mir immer wieder von ihrem Glaubensweg erzählen, so sehr scheinen sie doch eines gemeinsam zu haben: Ihre Rückkehr zum Glauben hat weniger mit einer festen Strategie zu tun als mit dem Zusammenspiel und der Dynamik von Atmosphäre und Community. Es kommen da ganz verschiedene Faktoren zusammen: erstens weise, geduldige und betende Eltern; zweitens Christen, die in ihrem Miteinander warme und herzliche Beziehungen pflegen; drittens eine klare Verkündigung biblischer Wahrheiten. Denn die meisten Jugendlichen mögen es nicht im Wischiwaschi-Stil, sondern klar, deftig, geradeaus. Sie wollen herausgefordert werden. Es ist kein Zufall, dass Jugendgruppen, in denen so eine Atmosphäre herrscht, meistens einen großen Zulauf haben.

Andockstellen für wandernde Seelen

Nach den Gesprächen mit den Eltern von Jugendlichen, die andere Wege gegangen sind oder immer noch gehen, wie auch mit den Jugendlichen selber habe ich mir die folgenden Punkte notiert, die wir in unserer eigenen Gemeindearbeit laufend umzusetzen versuchen – manchmal mit Erfolg, manchmal nicht:

1. Kinderarbeit soll die Pole-Position in der Gemeindearbeit haben. Unser zuständiger Diakon für Kinderkirche ist ein Mann, viele Gruppenleiter sind auch Männer. Im Profil und in den Schwerpunkten des Gemeindeprogramms stehen alle Ak-

tivitäten, die mit Kindern und Jugendlichen zu tun haben, stets hoch im Kurs. Nur qualifizierte Kräfte und bewährte Gemeindemitglieder werden an die Kinder herangelassen. Die Arbeit mit der jungen Generation ist pastorale Arbeit höchsten Grades und soll auch so präsentiert und honoriert werden. Sie ist nicht etwas, das die Kindertanten halt eben mal so machen, während die Männer sich mit «Wichtigerem» beschäftigen.

2. Wir müssen bereit sein, unsere Ressourcen als gleichgesinnte Gemeinden am Ort miteinander zu teilen. Kleinere Gemeinden haben nicht immer die Kapazität, das Personal und die Mittel, um ihren Jugendlichen ein attraktives Programm und kompetente Leiter zu bieten. Jugendliche aus anderen Gemeinden sind gern gesehene Gäste bei unseren Jugendabenden, Pfadfinder-Aktivitäten und Sommer-Camps, ja. Es ist uns aber wichtig, dass sie sonntags ihren *eigenen* Gottesdienst besuchen und das Ziel haben, in ihren eigenen Gemeinden eine attraktive Jugendarbeit aufzubauen. Je mehr unsere Kinder die gleichen Impulse aus verschiedenen Richtungen zu hören bekommen, die völlig unabhängig voneinander sind, desto besser. «Wenn zwei oder drei Zeugen die Aussage bestätigen, dann steht sie fest», sagt die Bibel.

3. Jugendliche wollen mit anderen Jugendlichen zusammen sein. Seien wir ehrlich: Die meisten sind irgendwann unterschwellig auf Partnersuche, ist ja völlig normal … und leider lässt die Auswahl in den meisten Gemeinden zu wünschen übrig. «Die Jungs in meiner Klasse, die mit dem Glauben nix am Hut haben, sind einfach attraktiver», klagte verzweifelt eine

hübsche, intelligente junge Frau mal bei einem Frauentag. Sie nahm ihren Glauben ernst, wollte unbedingt einen Partner finden, fand aber keinen passenden jungen Mann in ihrer Gemeinde. «Alles harmlose Weicheier», war ihr vernichtendes Urteil.

Ein junger Mann klagte mir einmal sein Leid, dass die frommen Mädchen alle zu bieder, zu brav und in Tat und Wahrheit humorlos-übergeistlich seien.

Ich fühlte mit beiden richtig mit. Und stellte mich der Herausforderung an uns als christliche Eltern und Gemeinden, dafür zu sorgen, dass unsere Kirchenbänke eben nicht von «harmlosen Weicheiern» und biederen Mauerblümchen bevölkert sind, sondern mit gesunden und attraktiven jungen Leuten, die, so sie wollen, gute Chancen haben, hier einen Partner oder eine Partnerin fürs Leben zu finden. Wichtig auch, dass wir uns mit anderen Glaubensgemeinschaften verbünden, die die gleichen Werte vertreten und auch in den gleichen Herausforderungen stehen. Wir können nicht früh genug damit anfangen.

4. Wir sollen und wollen uns für unser Christsein, für unsere Liebe zu Gott und seinem Wort sowie für die Klarheit unserer Verkündigung niemals entschuldigen. Denn dieses Wort ist die einzige Kraft, die ein hartes Herz weichklopfen kann. Es gehört freudig entfesselt, nicht kopfhängend verteidigt. Unser Ziel mit unseren Familien muss es sein, nicht nur mit einer Ghetto-Mentalität in der Defensive zu leben, so quasi nach dem Motto «Hauptsache, wir kratzen uns irgendwie durch, bis der Herr wiederkommt». Unsere Haltung soll vielmehr die von

Josua sein: «Ich und mein Haus, wir dienen dem Herrn.» Und das ziehen wir dann auch durch.

Wir wollen unsere Jugendlichen dazu ermutigen, Trendsetter, Helden ihrer Generation zu sein. Wollen ihnen die Geschichten von Esther, Nehemia, Daniel und David erzählen, die als junge Menschen Geschichte geschrieben haben. Wollen sie darin unterstützen, Influencer für ihre Generation zu werden und auch ihre Medien-Kompetenzen in den Dienst Gottes zu stellen. Und wollen aber eines nicht versuchen: Das Christsein für sie zu verweichlichen oder billig zu machen.

Es ist ein Irrtum zu denken, dass wir durch Anpassung an die Trends und Moden dieser Zeit irgendwelche Jugendliche für die Kirche gewinnen können. Weltlich sein? Das kann die Welt besser als wir, und wir sollten es folglich auch ganz ihr überlassen.

Christen, die versuchen, den Coolness-Effekt aus der aktuellen Kultur zu widerspiegeln, wirken unbeholfen und fake. Wir sollen unseren Jugendlichen vielmehr zumuten, sich ins Bibelstudium zu vertiefen, treue Verkündiger dieses Wortes zu sein und als fleißige Mitarbeiter in ihren Gemeinden zu wirken. Wir sollen ihnen Verantwortung übertragen, sie anfeuern und Möglichkeiten suchen, wie sie sich entfalten und ihre Talente entwickeln können. Je früher wir das machen, desto besser!

Kein Kind wird heutzutage dadurch Christ, dass es einmal pro Woche ein Bild von der Arche Noah ausmalt oder ein Lied über

David und Goliath lernt. Das bietet keine Konkurrenz für die Reizüberflutung der Welt und des Internets, der sie tagein, tagaus in Dauerschleife ausgeliefert sind. Auch eine einzelne Predigt pro Woche reicht heutzutage nicht mehr. Wir sollen es zu unserem Ziel machen, dass unsere Kinder und Jugendlichen die Gemeinde wie ein zweites Zuhause erleben. Damit sie erfahren können, dass «Live»-Begegnungen und «Live»-Beziehungen spannender und befriedigender sind als das «Fake»-Leben, das ihnen durch die Social-Media-Plattformen angeboten wird. Wir wollen ihnen Seminare, Workshops, gute Filme, christliche TV-Sendungen, Lehrzeitschriften und Internetartikel anbieten – kein einziges Thema sollten wir zu einem Tabu werden lassen. Wir wollen ihnen solide Argumente in die Hand geben, warum die Bibel das sagt, was sie sagt – über Sexualität, Charakterbildung, To-do's und No-Go's, über Geld, Beruf, Beziehungen, das Leben überhaupt. Wir wollen Dialoge führen, mündlichen Schlagabtausch und Brainstorming zulassen, Einsicht für biblische Werte gewinnen.

5. Unsere Verantwortung für die nächste Generation ist eine Aufgabe, die wir gemeinsam erfüllen müssen – als Eltern, Großeltern, Singles, Senioren, als mitten im Leben oder auch bereits im Herbst oder Winter des Lebens Stehende. Und zwar ganz egal, ob unsere eigenen Kinder mit dem Herrn gehen oder nicht. Wenn wir mit Jesus leben, sind wir alle in irgendeiner Form Eltern. Wenn nicht von leiblichen, dann doch zumindest von geistlichen Kindern, die wir begleiten und zu Jüngern Jesu machen.

Ich war von einem Ehepaar tief beeindruckt, dessen zwei Söhne beide Gott den Rücken gekehrt hatten. Sie ließen den Kopf nicht hängen, sondern kümmerten sich um die Söhne von anderen Ehepaaren, die ähnliche Probleme und Selbstzweifel hatten wie sie, und gaben den Eltern die Lehren weiter, die sie aus ihrer eigenen Situation gezogen hatten.

Das sind nur einige Bausteine, mit denen wir gute Chancen haben, unsere Gemeinden zu fröhlichen Sammelstellen für Jugendliche zu machen – und zu Anziehungspunkten, an denen Rückkehrer den Zugang zum Glauben wiederfinden können. Klingt es wie harte Arbeit? Aber ja, es *ist* harte Arbeit und verlangt unseren ganzen leidenschaftlichen Einsatz als Eltern und Gemeinde-Mitarbeiter. Aber es lohnt sich, diesen Preis zu bezahlen. In der heutigen Zeit sind wir, wohl mehr denn je zuvor, gefragt, ob wir dazu bereit sind. Die Zukunft des Christentums hängt davon ab.

12

Versöhnt sein – auch ohne Happy End

Wenn die Umkehr (noch) nicht erfolgt

Nicht jedes unserer Interviews endet mit einem Happy End, bei dem alle glücklich, fromm, zufrieden und genau so leben, wie es sich die betreffenden Eltern wünschen würden. Manche der im Buch vorgestellten Söhne und Töchter gehen noch immer ihre anderen Wege, was für alle beteiligten Parteien durchaus herausfordernd sein kann.

Zum Abschluss dieses Buches stellen wir deshalb mit Gisela und Marc ein Elternpaar vor, das beide «Ausgänge» kennt. Trotz allem, was anders gekommen ist, als sie es sich gewünscht und erhofft hätten, sind die beiden fröhlich und vertrauensvoll unterwegs. Mit ihrer Geschichte machen Gisela und Marc Mut, auch dann versöhnt und einander zugewandt zu leben, wenn Umkehr nicht erfolgt oder zumindest noch immer auf sich warten lässt.

Interview mit Gisela und Marc S.

Ihr beide seid Eltern zweier erwachsener Kinder. Und ihr seid schon vierfache Großeltern. Eure Tochter und euer

Sohn sind in Glaubensfragen unterschiedliche Wege gegangen. Erzählt uns bitte davon.

Gisela und Marc: Unsere beiden Kinder gingen und gehen, zumindest was den Glauben betrifft, andere Wege als wir Eltern. Auch wenn es sicher nicht möglich ist, die Gründe dafür bis ins Letzte zu analysieren, sehen wir in unserer Familienbiografie heute durchaus Momente und Faktoren, die den Glaubens-Ausstieg unserer Kinder wohl mitbeeinflusst haben. So mussten wir arbeitsbedingt als Familie mehrmals umziehen, und unsere Kinder litten jeweils unter diesen Umzügen und dem damit verbundenen Verlust ihres vertrauten Umfelds und ihrer Freunde. Als wir nach einem dreijährigen Auslandaufenthalt in die Schweiz zurückkehrten, waren beide Kinder – wie wir dankbar feststellten – nach einer kurzen Eingewöhnungszeit gut in der Nachbarschaft und in einer freikirchlichen Gemeinde integriert. In der Gemeinde, zu der wir gehörten, fand jedoch einige Zeit nach unserem Beitritt eine Spaltung statt, und enge Freunde unserer Kinder verließen zusammen mit ihren Eltern aufgrund dieses Zerwürfnisses die Gemeinde.

Das ist ja schon für Erwachsene nur sehr schwer auszuhalten. Wie reagierten die Kinder darauf?

Gisela und Marc: Unsere Teenager waren damals so enttäuscht darüber, wie sehr Christen sich derart zerstreiten können, dass sie sich weigerten, weiterhin mit in die Gemeinde zu kommen. Sie erklärten, am Sonntagmorgen ausschlafen zu wollen, und aus dem «Ein Mal pro Monat zu Hause bleiben», das wir ursprünglich vereinbart hatten, wurde dann bald mehr. Den kirchlichen Unterricht wollte unsere Tochter zusammen mit ihren Schulfreunden in der reformierten Kirche absolvieren. Für uns Eltern war dies in Ordnung, wir erklärten uns damit einverstanden und hofften, dass sie vielleicht durch den Konfirmations-Unterricht wieder mehr Zugang zum Glauben finden würde. Tendenziell entwickelte sich das Ganze jedoch zunehmend in die Gegenrichtung: Als unsere Tochter siebzehn Jahre alt war, hatte sie ihren ersten Freund, begann zu kiffen und wurde rebellisch. Bei unserem Sohn war es weniger offensichtlich, doch irgendwann kamen beide Kinder überhaupt nicht mehr in die Gemeinde mit. Als Eltern erhielten wir damals wenig Beratung oder Hinweise, wie wir konstruktiv mit dieser Situation hätten umgehen können. Soweit wir uns im Rückblick erinnern können, waren wir die ständigen Diskussionen so leid, dass wir unsere Kinder zunehmend gewähren ließen. Dies unter anderem auch, weil beide unterdessen volljährig geworden waren.

Was löste das Desinteresse, das eure Kinder dem Glauben gegenüber zeigten, bei euch als Eltern und als Paar aus?

Gisela: Ehrlich gesagt löste es bei mir vor allem Enttäuschung aus, und sowohl mein Mann als auch ich hatten inzwischen resigniert. In dieser Phase war bei meinem Mann beruflich sehr viel los, und unsere Ehe steckte in einer Krise. Wenn ich zu Marc sagte: «Du, Daya kifft», fand er, ich übertreibe maßlos und würde wegen jeder Kleinigkeit ein Drama veranstalten. Es war eine Zeit, in der wir nicht mehr zusammenhielten und ich von Seiten meines Mannes wenig Rückendeckung spürte. Erst als wir in ein Geschäft zitiert wurden, weil unsere Tochter dort etwas geklaut hatte, wachte mein Mann auf. Er holte sie im Büro des Ladenbesitzers ab, und diese Situation wurde zum Wendepunkt, an dem er anfing, sich wieder aktiv ins Familienleben einzuklinken. Ich selbst besuchte in dieser Zeit viele Frauenkonferenzen und bemühte mich darum, mir Hilfe zu holen und im Glauben vorwärtszugehen. Einmal sagte Gott zu mir: «Dein Mann ist das Haupt!», worauf ich antwortete: «Ja, aber ich kann doch nicht alles den Bach runtergehen lassen!» Darauf antwortete Gott: «Ob es den Bach runtergeht oder nicht, liegt nicht an dir. Du kannst es nicht verhindern, aber *ich* kann es verhindern.» Dieses Reden Gottes führte mich in ein tiefes inneres «Loslassen» und zur Erkenntnis, dass ich letztlich weder meinen Mann noch meine Kinder «halten» kann.

Was folgte auf das Erkennen und Loslassen?

Gisela: Durch das ehrliche Eingeständnis meiner Hilflosigkeit kehrten Friede und eine zuvor nicht gekannte Entspannung in meinem Herzen ein. Mir wurde bewusst, wie stark die Situation mit unseren Kindern für uns als Eltern mit Scham verbunden gewesen war – und mit dem Gefühl, versagt zu haben. Es tat gut, all dies einfach an Gott abgeben zu dürfen. Ehrlich zuzugeben, dass wir so sehr damit beschäftigt gewesen waren, die Gemeinde vor dem Absturz zu bewahren, dass wir dabei unsere Kinder aus den Augen verloren hatten, tat zwar weh, war aber gleichzeitig auch befreiend. Dass wir den Dienst an der Gemeinde in dieser Zeit stärker gewichtet und höher gewertet hatten als den Dienst an unseren Kindern, ist etwas, das wir im Rückblick sehr bereuen.

Was würdet ihr im Hinblick auf alles, was ihr heute wisst, anders machen?

Gisela: Vielleicht würden wir in eine andere Gemeinde mit einer guten, begeisternden Jugendarbeit wechseln. Wir würden mehr miteinander über Schwieriges sprechen, doch damals fiel es uns schwer, überhaupt miteinander über Probleme ins Gespräch zu kommen. Unsere Kinder waren oft weg, sie verbrachten ihre Freizeit vor allem mit Sport und «Ausgang». Daneben gab es aber natürlich auch gute Momente und Phasen: Als Mutter war es mir beispielsweise gelungen, am Sonntagabend eine Familienzeit mit gemeinsamem Nachtessen zu etablieren, die über längere Zeit sehr gut funktionierte. Dann aber kamen leider die Computer, jeder verschwand in seinem Zimmer, und wir hatten keine Ahnung, was unsere Kinder sich vor dem Bildschirm reinzogen. Unser Sohn findet heute, wir hätten zu dieser Zeit genauer hinschauen und ihm und seiner Schwester klarere Grenzen setzen müssen.

Weshalb sagte er das?

Gisela: Unsere Tochter ließ sich in dieser Zeit hinter unserem Rücken ein Piercing stechen und nahm, weil sie noch minderjährig war, statt unserer Einwilligung einfach die Mutter einer Freundin ins Piercing-Studio mit. Dass andere Mütter nicht davor zurückschreckten, mich auszutricksen, verletzte mich zutiefst. Heute würde ich sagen: «Liebe Mütter, informiert einander, statt die Kinder anderer Eltern in ihrem unehrlichen oder selbstgefährdenden Verhalten zu decken.» Unsere Tochter wäre auf einem Trip mal fast im See ertrunken; es wäre damals so wichtig gewesen, dass wir informiert worden wären, wo sie sich befindet. Weil unsere Tochter jedoch wusste, dass ich in gewissen Momenten mit Strenge reagieren würde, hat sie mir vieles gar nicht erzählt. Da war unsere Kommunikationskultur also nicht genügend.

Würdest du heute mit weniger Strenge auf den Ungehorsam oder das Fehlverhalten deiner Kinder reagieren?

Gisela: Das ist, finde ich, schwer zu sagen. Den Finger auf heikle Punkte legen, das würde ich wohl immer noch tun. Ich bin von meinem Typ her jemand, der Dinge gerne offen und direkt anspricht. Aber ich würde versuchen, mehr im Dialog zu sein, mit den Kindern zusammenzusitzen und gemeinsam nach Lösungen zu suchen. Wobei unsere Tochter dies phasenweise auch verweigert hatte. In manchen Situationen war ich wohl zu absolut, während mein Mann sich in vielen Fällen aus den Auseinandersetzungen heraushielt.

Wie seid ihr als Paar damit umgegangen, dass eure Kinder andere Wege gegangen sind?

Gisela: Wir haben viel für unsere Kinder gebetet, denn das war ja oft das Einzige, was uns blieb. Wir haben uns immer wieder auf Gottes Verheißungen berufen und haben den Sieg von Jesus ausgerufen. Manchmal haben wir im Zimmer unserer Kinder gebetet, wenn sie weg waren oder wenn sie schliefen. Wir baten um Gottes Schutz, denn wir erlebten uns als Eltern häufig als ohnmächtig und hatten keine Ahnung, wo wir uns Hilfe holen sollten. Oft fühlten wir uns alleingelassen oder empfanden uns von anderen als «Versager» abgestempelt. Es war früher wohl tatsächlich noch stärker so, dass man sich irgendwie «gebrandmarkt» fühlte, wenn die eigenen Kinder nicht «funktionierten». Heute gibt es zu vielen Themen mehr Informationen und Hilfsangebote, man kann Dinge im Internet nachlesen und sich über mögliche Ansätze oder Therapien informieren.

Was für Ansätze habt ihr gewählt?

Gisela und Marc: Wichtig war es uns als Eltern, unseren Kindern auch in schwierigen Phasen immer wieder zu sagen und zu zeigen, dass sie unsere Kinder sind und dass wir sie lieben. Dass wir uns an ihren Erfolgen freuen, stolz auf sie sind und natürlich auch mitleiden, wenn es ihnen nicht gut geht. Uns ihnen zu entziehen oder die Beziehung zu ihnen abzubrechen, das war für uns nie eine Option. Bis heute unterstützen wir sie, wenn sie uns brauchen. Stark geprägt haben uns während der Teenagerjahre unserer Kids die Bücher von Ross Campbell, beispielsweise der Bestseller «Teenager brauchen mehr Liebe». Dieses Buch hat uns immer wieder ermutigt, die Beziehung zu unserer Tochter und unserem Sohn trotz vieler Herausforderungen nicht abbrechen zu lassen. Zu unserer großen Freude und Dankbarkeit fand unser Sohn im Erwachsenenalter zurück zum Glauben an Jesus und dient dem Herrn seither treu.

Was ratet ihr Eltern von minderjährigen Kindern, wenn diese beispielsweise ihre Partner mit nach Hause bringen?

Gisela: Bei uns zu Hause hielten wir an unseren Hausregeln fest. Wollte unsere Tochter mit ihrem Freund im selben Zimmer und Bett übernachten, ging sie zu ihm nach Hause. Da unsere Tochter selbst nicht mehr mit Jesus unterwegs war, respektierte sie unsere Ansichten zwar, doch es waren nicht mehr die Maßstäbe, denen sie sich verpflichtet fühlte.

Was empfiehlst du Eltern in einer ähnlichen Situation?

Gisela: Beten, beten, beten. Um Beziehung ringen und sich für das Leben der Kinder interessieren. Ich würde heute versuchen, mehr an ihrer Welt und an ihren Hobbys Anteil zu nehmen und präsenter zu sein. Mein Mann war in dieser Zeit beruflich stark engagiert, während ich ebenfalls teilzeitlich berufstätig war und Weiterbildungen absolvierte. Im Rückblick war das nicht klug gewesen, auch deshalb nicht, weil wir beide keine Eltern hatten, die uns hätten entlasten können. Gut war, dass wir uns jeden Sommer Zeit für gemeinsame Familienferien am Meer genommen haben.

Gisela und Marc: Wir empfehlen Eltern, loszulassen, wo sie etwas trotz hohem Engagement nicht erzwingen können.

Gleichzeitig finden wir es wichtig, hinzuschauen und Schwieriges nicht zu ignorieren, sondern es offen anzusprechen. Zentral erscheint uns auch, dass wir als Eltern da, wo es nicht möglich ist, mit den Kindern über Gott zu sprechen, umso mehr mit Gott über unsere Kinder sprechen. Gott hat ein Auge auf unsere Kinder und verstößt unsere Gebete nicht. Wir dürfen uns zuversichtlich an seinen Zusagen festhalten und darauf vertrauen, dass er auch weiterhin sein Werk in unserer Familie tun wird.

Ein paar Schlussgedanken der beiden Autorinnen: Pläne voller Hoffnung und Zukunft

«Was können Eltern tun, wenn ihre Kinder andere Wege einschlagen? Sollen Mütter und Väter biblische Werte und Positionen aufgeben, um den Familienfrieden zu wahren und so die gute Beziehung zu ihren Kindern nicht aufs Spiel zu setzen?» Das waren zwei der grundlegenden Fragen, die wir uns beim Schreiben dieses Buches gestellt hatten.

Als Autorinnen hoffen wir, dass Sie durch die persönlichen Einblicke und Hinweise in diesem Buch praxistaugliche Antworten auf solche Fragen gefunden haben und ermutigt wurden, ihr Familienleben aus einer tiefen Überzeugung heraus nach Gottes Wegweisern auszurichten. Mehr als alles andere wünschen wir Ihnen in herausfordernden Zeiten ein wachsendes Vertrauen in Gott, der versprochen hat, uns niemals im

Stich zu lassen. Der himmlische Vater ist auch dann treu, wenn Menschen versagen oder die Gemeinde, zu der wir gehören, ihren Auftrag, unseren Kindern ein hilfreiches Umfeld zu bieten, nur mangelhaft wahrnimmt.

Möge Gottes aufmunterndes «Zuzwinkern» Ihnen ein Lächeln auf das Gesicht zaubern und Ihr Herz immer wieder leicht machen. Möge Gottes Zuspruch: «Hab keine Angst. Ich bin größer als deine Umstände!», Sie ermutigen, in schwierigen Zeiten an biblischen Werten *und* an der Herzensbeziehung zu Ihren Jugendlichen festzuhalten. Der himmlischste aller Väter hat versprochen, das gute Werk, das er in uns und in unseren Kindern begonnen hat, fertigzustellen. Seine Nähe und sein einfühlsames Mitgehen tragen uns als Mütter und Väter auch da, wo Söhne und Töchter die Verbindung kappen oder Wege gehen, die uns Kummer bereiten. Wenn Gott für jedes unserer Kinder Pläne voller Hoffnung und Zukunft schmiedet, weshalb sollten wir etwas anderes tun?

Von Herzen,
Ihre Nicola Vollkommer und Regula Lehmann